岗课赛证 GKSZ

国家新闻出版署出版融合发展（北师大出版社）重点实验室
重点课题"教育出版融合发展的理论与实践研究"优秀成果
教育类专业"岗课赛证融通"配套教材

RE
新形态教材
入眼·入脑·入手
易教·乐学

# 幼儿园教师礼仪

融媒体版

YOU'ERYUAN JIAOSHI LIYI

U0659660

主　编：吕艳芝　林　莉　韩　艳
参　编：唐小闲　骆小华　陈　云　谌玉晓

北京师范大学出版集团
BEIJING NORMAL UNIVERSITY PUBLISHING GROUP
北京师范大学出版社

**图书在版编目(CIP)数据**

幼儿园教师礼仪/吕艳芝,林莉,韩艳 主编.-北京:北京师范大学
出版社,2019.12(2023.2重印)
ISBN 978-7-303-25242-8

Ⅰ.①幼… Ⅱ.①吕… ②林… ③韩… Ⅲ.①幼教人员－礼仪
－幼儿师范学校－教材 Ⅳ.①G615

中国版本图书馆CIP数据核字(2019)第252058号

营销中心电话　　010-58802755　58800035
编 辑 部 电 话　　010-58802883
**教材意见反馈**　　gaozhifk@bnupg.com　010-58805079

出版发行：　北京师范大学出版社 www.bnup.com
　　　　　　北京市西城区新街口外大街12-3号
　　　　　　邮政编码：100088
印　　刷：鸿博睿特（天津）印刷科技有限公司
经　　销：全国新华书店
开　　本：889 mm×1194 mm　1/16
印　　张：12.25
字　　数：333千字
版　　次：2019年12月第1版
印　　次：2023年2月第3次印刷
定　　价：34.80元

策划编辑：　姚贵平 刘晟蓝　　责任编辑：　马力敏
美术编辑：　焦 丽　　　　　　装帧设计：　焦 丽
责任校对：　陈 民　　　　　　责任印制：　陈 涛

# 前　言

## 童蒙养正在教师

《易经·蒙卦》云："蒙以养正，圣功也。"在中国的古代教育中，人们就将启蒙教育作为人生最重要的课程，启蒙教育是对一个人进行正的、向善的教育的重要阶段。童蒙养正是指在幼儿发蒙阶段接受最重要的养正教育。中国的童蒙教育历史很悠久，最经典的教育素材就有《三字经》《百家姓》和《千字文》，也就是俗称的"三百千"。清代李子潜在长期进行童蒙教育中体会到教孩子行为端正要比教孩子知识更为重要。由此，他结合自己的教育实践写成了《训蒙文》，后来经过贾存仁修订，改名为《弟子规》，对后世童蒙养正教育起着不可估量的作用。

当今中国，习近平总书记提出了实现中国梦的宏伟目标，实现中国梦是一个长期的过程。大力发展教育，是实现中国梦的基础。党的二十大报告提出，我们深入贯彻以人民为中心的发展思想，在幼有所育、学有所教、劳有所得、病有所医、老有所养、住有所居、弱有所扶上持续用力，人民生活全方位改善。幼有所育排在各项成就的首位，可见其重要性。学前教育是学校教育制度的起始阶段，是国民教育体系的重要组成部分。学前教育以幼儿为主要对象，学前教育的关键在教师，幼儿园教师是幼儿启蒙教育的引导者，是对幼儿一生有着重要影响的人，幼儿园教师的言传身教对幼儿有着不可估量的影响，幼儿园教师的修养直接影响着幼儿。职业素质和内在修养最直观的反映则是教师礼仪。

孔子曰："礼者，敬人也。"简单来讲，礼仪表达了对他人的尊重，是人们在交往中约定俗成的规矩。"人无礼则不立，事无礼则不成，国无礼则不宁"，礼仪是文明的象征，是一个民族、一个国家文明程度的体现，是一个人内在修养和道德素质的外在表现。学习礼仪，可以帮助幼儿园教师塑造良好的个人形象，提高个人修养，提高人际交往能力，改善人际关系，为事业增添力量。幼儿园教师需要具备基本的职业礼仪素养，以促进与家长、与幼儿、与同事、与领导的和谐关系的建立，形成良好的工作氛围、教育氛围，同时可以净化社会风气，推进社会主义精神文明建设，让社会更加和谐、稳定。作为幼儿教育工作者，我们有必要从小抓起，从细节抓起，传承、弘扬我国优秀传统文化，培根固本，夯实幼儿教育，提升国民素质。

　　本教材坚持以习近平新时代中国特色社会主义思想和党的二十大精神为指导，全面落实立德树人根本任务，根据幼儿园教师岗位的需求选择内容，结合学生职业生涯发展需求与学习基础的实际，将礼仪与幼儿园一日生活中的各个环节相结合，从仪容、着装、仪态、见面礼节、接待礼节、教学环节礼仪、沟通语言、就餐礼仪、休闲活动礼仪等方面对幼儿园教师的工作礼仪进行了细致的介绍。本教材内容的选择密切结合了幼儿园教师工作实际，避免了冗长的知识点讲解，突出应用性、适宜性和针对性。

　　本教材在设计思路上采用问题导入的方式，以幼儿园教师在实际工作中遇到的问题引出课程内容。在结构上，设计了学习目标、学习重点与难点、我的问题三个环节，使学习更有针对性，进一步提高学习效率。在每个模块的最后，设计了情景演练、思考与练习、拓展学习三个环节，引导学生巩固、掌握并运用所学内容。

　　参与教材编写的老师们，来自高校、高职、高专等教学一线，具有丰富的礼仪教育经验。我们希望这本教材能够为学前教育等专业学生或幼儿园教师职业素质的提升提供参考与借鉴。此次，我携手西南石油大学林莉老师、北京汇佳职业学院韩艳老师担任主编。林莉老师不仅礼仪文化底蕴深厚，文字功底亦不俗而且有着丰富的礼仪教育实践经验，不仅完成了主要模块的编写、统稿，而且与林毅老师一起为教材录制了线上配套微课，为这本理论与实践相结合的礼仪教材的编写做出了突出贡献。韩艳老师从事高职学前教育专业教学十多年，已编写三本礼仪类教材，参与两项国家级课题项目，入选北京市高校青年教师"英才计划"，具有丰富的幼儿园教师礼仪教学及培训经验，在本书中除完成部分模块的编写外，还负责目录设计、内容规划、书稿审核及统稿工作。在本书的编写过程中，三阶成师团队中来自河南省漯河市实验幼儿园谌玉晓老师、湖南女子学院社会发展与管理学院的唐小闲老师、广东省海洋工程职业技术学校骆小华老师、南通科技职业学院陈云老师参与了书稿的编写。林莉老师、职业讲师张钰涵老师和北京汇佳职业学院的林毅老师、韩艳老师担任图片模特。感谢北京汇佳职业学院的王思晨同学、范玉莹同学参与教材图片拍摄。感谢河南省漯河市实验幼儿园潘伟红园长为拍摄教学图片提供场地，以及化妆造型师罗甜老师、羊丽老师提供化妆部分内容的教学图片。

　　礼仪文化知识博大精深，书中难免有不到之处，敬请读者诸君不吝赐教，发邮件至yaoguiping@126.com。

　　传播礼仪文化知识，我们一直在路上。

吕艳芝

于三阶礼仪培训现场

# 目 录

**模块一**
**幼儿园教师仪容礼仪** 001
单元1 面部清洁 002
单元2 面部修饰 004
单元3 发型修饰 013
单元4 肢体修饰 016

**模块二**
**幼儿园教师的服饰礼仪** 021
单元1 幼儿园教师着装的特点和要求 022
单元2 服饰搭配与配色的基本技巧 025
单元3 西服套装的穿法及配饰的选择 033

**模块三**
**幼儿园教师的仪态礼仪** 045
单元1 幼儿园教师常用站姿 046
单元2 幼儿园教师常用坐姿 049
单元3 幼儿园教师常用行姿 051
单元4 幼儿园教师常用蹲姿 053
单元5 幼儿园教师常用的手势 054

**模块四**
**幼儿园教师的体态语** 063
单元1 用微笑传递爱 063
单元2 用眼神表情达意 065
单元3 用肢体动作传递信息 067

**模块五**
**幼儿园教师的亲师沟通** 072
单元1 亲师沟通的基本原则 072
单元2 掌握有效的亲师沟通技巧 075

**模块六**
**幼儿园教师的师幼沟通** 082
单元1 师幼沟通的基本原则 082
单元2 练就激励、启迪、劝慰幼儿的能力 088

**模块七**
**幼儿园教师的师师沟通** 097
单元1 师师沟通的基本原则 097
单元2 掌握师师沟通的基本方法 099

**模块八**
**幼儿园教师的见面礼仪** 109
单元1 致意礼 110
单元2 称呼礼 112
单元3 介绍礼 114
单元4 握手礼 116
单元5 名片交换礼 118
单元6 拥抱礼与亲吻礼 120
单元7 鞠躬礼 122

**模块九**

**幼儿园教师在教育活动中的礼仪**　124

单元1　入园与离园环节的礼仪　124

单元2　盥洗的礼仪　128

单元3　正餐与间点环节的礼仪　130

单元4　教学活动中的礼仪　133

单元5　睡眠室的礼仪　137

单元6　教研活动中的礼仪　139

**模块十**

**幼儿园教师的接待礼节**　144

单元1　接待家长与幼儿的参观礼仪　144

单元2　接打电话的礼仪　146

单元3　家长会活动礼仪　149

单元4　家访活动礼仪　151

单元5　办公室礼仪　154

单元6　位次礼仪　157

**模块十一**

**幼儿园教师的宴请礼仪**　162

单元1　邀请与应约　162

单元2　中餐礼仪　166

单元3　西餐礼仪　170

**模块十二**

**幼儿园教师的休闲礼仪**　178

单元1　乘坐园车礼仪　178

单元2　公共场合的文明礼仪　181

单元3　室内观赏活动文明礼仪　183

**参考文献**　187

# 模块一　幼儿园教师仪容礼仪

## 学习目标

1. 了解幼儿园教师仪容礼仪的重要意义。

2. 掌握面部与肢体部位清洁、修饰的基本方法。

3. 养成仪容整洁的习惯，塑造符合幼儿园教师角色的仪容形象。

## 学习重点与难点

◆ 学习重点

掌握面部清洁和化妆的基本技巧，肢体修饰的基本方法。

◆ 学习难点

理解幼儿园教师仪容礼仪的要求，能够在工作中进行适度修饰。

## ❓ 我的问题

"亲其师，信其道"这句话我都听了好多年了，未来当我站在幼儿面前时，他们会喜欢我吗？听说幼儿都喜欢漂亮的老师，可我长得不漂亮，他们会喜欢我吗？怎样才能让他们喜欢呢？他们喜欢长发的老师还是短发的老师呢？我需要掌握必要的仪容礼仪知识，塑造一个良好的幼儿园教师形象。

美国心理学家洛钦斯首先提出首因效应，也叫第一印象效应，是指与他人第一次见面时给对方留下的印象，这一印象会影响今后双方的交往。人们常说"给人留下一个好印象"，这个"印象"就是第一印象。在社会交往中，我们需要利用第一印象，将自己最好的形象展示给对方，为以后的交流打下良好的基础。组成第一印象的因素有一个著名的"73855"定律（第一印象 =7% 言谈内容 +38% 言谈举止 +55% 仪容仪态）。

从这个公式中我们可以发现，决定对一个人产生第一印象的谈话内容只占到7%，38% 体现在语气语调上，55% 体现在外表、穿着、打扮上。可见，注重第一印象、注重我们的外表形象对我们的事业和生活是多么的重要。

一个人的仪容仪态等外在因素左右着第一印象，其中最重要的就是发型、面部修饰、着装与配饰、肢体动作、表情、眼神等。一般来说，人们都愿意与形象得体的人交往。《教育信息报》上曾有过"我心目中的好老师"的调查，结果约 56% 的幼儿选择了希望老师"漂亮一点"。一名优秀的幼儿园教师，除了要具备教师职业道德修养和扎实的专业知识、技能外，还不能忽视职业形象的塑造。形象就是财富，形象就是实力，形象就是尊重，形象还是对待工作的态度和专业程度的体现。

　　欧阳修云："君子之修身也，内正其心，外正其容。"就是说，一个人需要内外兼修，实现内在美与外在美的统一。

　　什么是仪容？所谓仪容，是指一个人的外观与容貌。容貌是我们与生俱来的样貌，但并不是一成不变的，我们可以通过后天的保养与修饰来对面貌进行美化。仪容的修饰体现了一个人对生活的热爱，也是纯朴高尚的内心世界和蓬勃向上的生活态度的体现。因此，我们需要对容貌进行必要的修饰，扬长避短，塑造自己完美的幼儿园教师形象。

## 单元1　面部清洁

　　"面必净，发必理，衣必整，纽必结。头容正，肩容平，胸容宽，背容直。气象：勿傲，勿暴，勿怠。颜色：宜和，宜静，宜庄。"这是南开中学蜚声中外的"容止格言"。中华人民共和国的开国元勋周恩来就毕业于这所中学。在这则格言中，"面必净"占据首位。面部清洁是仪容美的基础。

　　健康的皮肤是塑造完美仪容的关键。清洁面部是打造健康肌肤最基础、最重要的一个环节。我们的面部每天都要经历风吹日晒及尘土尾气、电子产品辐射的伤害，面部清洁不彻底容易产生粉刺、斑痕、暗沉、黑头、毛孔粗大等皮肤问题，这不仅影响面部皮肤的健康，而且还会影响修饰效果。

　　清洁是仪容美的关键，也是对幼儿园教师仪容礼仪的基本要求。面部清洁是第一位的，要保证面部干净清爽，无汗渍、油污、泪痕、不洁之物。幼儿园教师的个人卫生直观地反映着幼儿园教师的精神面貌，也是对幼儿园形象的最好诠释。一个连自己都打理不好的教师，如何能够照顾好幼儿的生活和学习呢？教师以干净清爽的形象，精神饱满地出现在幼儿和家长面前时，给他们带来的是身心愉悦、快乐舒服的感受，也容易获得家长和幼儿的信任。

### 一、让面容清爽洁净

　　幼儿园教师的职业特点决定了幼儿园教师要注意面部的保养，同时不能忽视发际线、脖根、耳朵等部位的清洁，要及时有效地清除滞留于面部的污物，使人显得干净清爽。教师如果脸上生了疱疹、疖子，要立即就医，并遵照医嘱进行治疗，不要听之任之，或是乱挤、乱抠，脸上的伤痕不仅影响幼儿园教师的形象，而且会让幼儿及家长感到不安。

人的面部可以表达各种表情，眉毛、眼睛、面部肌肉、嘴等的动作共同组成了面部表情的众多含义。人们会通过观察对方面部的细微动作（也叫微表情）来分析其含义，获得语言所不能表达的信息。因此，面部表情是人际交往中不可忽略的无声语言，那么面部五官的清洁与修饰就显得非常重要了。

### 二、让嘴部清爽

#### （一）嘴巴清洁有要求

幼儿园教师的嘴部清洁的具体要求是：牙齿洁白、口腔无异味。幼儿园教师每天至少刷牙两次，最好刷三次。饭后养成漱口的习惯，以去除异物、异味；在工作期间要注意忌吸烟、喝酒，忌食葱、蒜、韭菜、臭豆腐、榴梿等有特殊气味的食物；在就餐或吃完食物后应注意检查牙齿缝隙是否有异物存在；与他人进行近距离交流或长时间交流的时候可提前采用一些清新口气的方法，避免双方的尴尬。

#### （二）无声语言也用嘴巴

嘴巴是表达语言的工具，也是幼儿园教师在教学中运用较多的部位。嘴巴与眼睛、眉毛一样，可以表达丰富的思想感情。例如，嘴巴大开表示惊讶、恐惧；咬紧嘴唇表示自省或自嘲；含住嘴唇表示努力或坚持；撅起嘴巴表示生气或不满；嘴角一撇表示鄙夷或轻视；嘴巴努向某方表示怂恿或支持；拉着嘴角又分上提和下拉：上提表示倾听，下拉则表示不满或固执。幼儿园教师可以通过嘴部动作配合面部表情来组织教学，让自己的教学更加生动有趣。

### 三、关注耳、鼻的细节

耳和鼻内的异物虽然比较隐蔽，但幼儿园教师同样不能忽略，因为细节决定成败。

对于耳鼻部位，首先是要保持清洁卫生。在洗澡、洗头、洗脸时，不要忘记清洗外耳廓，用棉签清除掉视觉范围内可以看到的细碎的耳垢，保持耳部的清洁。应该注意对耳、鼻进行清洁的具体操作不能当众进行。尤其不能随处擤鼻涕，也不要在人前随意挖鼻孔或掏耳朵。对鼻

学习笔记

子上的"黑头"，要注意及时清除。幼儿园教师要注意勤检查，不要因为是小事就忽略或不留心。如果鼻毛长出鼻孔外一定要及时修剪，不能外露，以免给人留下邋遢、不卫生的印象。

另外，耳朵虽然不能像四肢一样有大的动作变化，但同样可传递不同的思想感情。在教学中，幼儿园教师可以歪头侧耳表示仔细倾听、捂耳表示拒绝、摸耳表示亲密等用一些跟耳部有关的动作来表达情感。幼儿的表情是随年龄的增长而逐渐丰富的。所以，幼儿园教师也要注意观察幼儿的表情，及时发现幼儿的心理变化以及幼儿对所授课程的兴趣，以便及时调整自己的教学。例如，缩鼻表示拒绝或厌弃，教师要考虑改变教学方法；皱鼻表示好奇或吃惊，说明幼儿的兴趣正浓，效果很好。

## 单元 2　面部修饰

化好淡妆，梳好头发，换上颜色鲜艳统一的服装，面带微笑，准备工作……这不是空乘人员在准备登机，而是幼儿园教师在做严格的班前个人形象检查，用美好的形象迎接幼儿的到来。

仪容美，还需要通过化妆对面部进行修饰。化妆不仅可以提升个人形象，而且还可以增加个人的自信心。从这个意义上讲化妆也是一种礼貌，既是对交往对象的尊重，也是对自己所从事工作的认同，是职业责任感的体现，还是一项重要的工作礼仪。在幼儿园这个特殊的岗位上，面部修饰越来越受到幼儿园管理者的重视。

幼儿心理专家认为，幼儿园教师的形象会影响幼儿的情绪和心理健康。因为幼儿主要是直观思维，美好的事物会引起他们愉快的情绪。目前，大多数幼儿园负责人已形成共识：幼儿园教师的仪容美很重要。一是教师需要内外兼修；二是教师的仪容美可以给幼儿带来快乐的心情，也更容易被幼儿接受；三是教师仪容美可以提升幼儿园教师的整体职业形象，是幼儿园品牌战略的重要组成部分。那么，在形象要素当中，首当其冲的就是面部修饰。

### 一、仪容美的意义

仪容能给人直接而敏感的第一印象，美好的仪容总能令人青睐。仪容美对事业也有着举足轻重的作用。

形象是由仪容、仪态、言谈等因素共同构成的一种综合美。仪容修饰，就是通过化妆对自己的面部进行修饰美化，也就是通过运用化妆工具和彩妆用品，经过一定的步骤和技巧，对面部五官及其他部位进行相应的渲染、描画和整理，以强调和突出个人所具有的自然美，遮盖和弥补面部的不足和缺陷，使容貌尽可能完美。

化妆应与形体、肤色、服饰、发型、年龄、性格、身份相协调。幼儿园教师应以淡妆为宜，以自然真实为度，以协调适度为美，以清洁健康为旨，塑造出淡雅清秀、健康自然、和谐高雅、富有个性的容貌，焕发出青春的光彩，增强自信心，使教育教学效果最大化和最优化。

当然，幼儿园教师不仅要外表漂亮，而且要注意修炼"内功"，因为品行、学识、修养等才是征服幼儿的强大武器。

### 二、幼儿园教师化妆的原则

化妆的目的是美化自己，是敬业的表现，同时也表达了对幼儿的尊重。但是，如果不考虑自己的身份，不考虑所处的环境，自行其是，妆面过浓或风格迥异就会事与愿违，达不到预期的目的。因此，我们提倡幼儿园教师在日常工作中以化淡妆为宜，得体的幼儿园教师妆容要遵循淡雅、简洁、避短、适度四个原则。

#### 1. 淡雅原则

淡雅的妆面风格，即自然妆、裸妆，是以自然、清淡、雅致为特点，彩妆的颜色选择也以淡色为主，突出自然美。整个妆面应以轻薄、素雅为主。首先，粉底不要过厚，过厚的粉底给人一种戴假面具的感觉。其次，眉眼部修饰应避免浓重、鲜艳的颜色，建议选用大地色系眼影。再次，还要避免画过粗的眼线。最后，口红颜色的选择也应清淡，如淡粉色、浅橘色、裸色等，也可只涂抹润唇膏或者唇蜜。

#### 2. 简洁原则

简洁，就是化繁就简。相较于其他妆面如舞台妆、晚宴妆等，自然妆的化妆步骤简单，但也需要一定的技巧。具体来说可以分为三步。第一，底妆。我们可以采用适合自己肤质的隔离霜、饰底乳、妆前乳，再选用适合自己肤色的粉底液、遮瑕膏、定妆粉，主要为了调整面部肤色让肤色均匀，遮盖面部瑕疵。第二，修饰眉眼。自然妆的眉毛突出自然，颜色应与发色协调，眉形呈现自然的弧度。眼部修饰可以简化到仅涂抹睫毛膏，或者再画上纤细的上眼线来达到让眼睛变大的效果。第三，唇部的修饰。我们最好采用哑光唇膏突出品位和质感，果冻色唇蜜或唇彩可以凸显青春靓丽的形象，但色彩的选择不能浓艳，颜色选择以接近唇色为宜，还要与服饰颜色相协调，这样就可以打造出一个简洁、素雅的妆面来。

### 3. 避短原则

化妆要学会扬长避短，幼儿园教师化妆要注意避短而不过度扬长。意思是说幼儿园教师不要通过化妆，过度突出自己面部比较自信的部分，这样容易给人一种张扬的感觉，可以利用化妆适当地展现自己的优点。避短，是指通过化妆的方法弥补自己面部不太完美的部位，达到美好、自然、和谐的效果。比如，通过化妆调整自己面部"三庭五眼"的比例，调整肤色肤质等。

### 4. 适度原则

妆面画法的流行时尚每年都在变化，但时尚未必适合所有人和所有岗位。幼儿园教师如果盲目追求时尚，不考虑自己的身份和自己所处的环境，就很容易给人留下不庄重、轻浮的印象。像烟熏妆、印花妆、舞台妆、晚宴妆、鬼魅妆等，都不适合幼儿园教师在工作场合使用。

适度原则要求幼儿园教师根据自己的工作性质和出席场合来确定选择什么风格的妆容。幼儿园教师所从事的职业决定了我们在工作时应选择淡妆，出席庆典或晚会时妆容可以稍浓些。从化妆礼仪的角度讲，幼儿园教师不应在工作时间化妆或补妆。

## 三、化妆的一般步骤和常用技巧

对于幼儿园教师这一角色来说，不论男女都应该有仪容修饰的意识。化妆不是女老师的专利，幼儿园男老师也需要每天做好清洁、补水、防晒，重要场合还需要用一些方法来平衡肤色、遮盖瑕疵、提升气色。下面，我们将一起学习幼儿园教师职业妆的画法。

### （一）底妆

#### 1. 防晒与隔离

少量的紫外线照射使皮肤产生黑色素，令肌肤暗沉、变黑，大量的紫外线还会晒伤皮肤。因此，涂抹防晒产品是保障皮肤健康的一道防线。在我们生活的环境中，粉尘、辐射以及彩妆对皮肤的损伤也是不容忽视

学习笔记

的。那么使用隔离霜就是非常必要的。隔离霜对紫外线、灰尘等空气污染物有隔离作用，对彩妆也有隔离的作用，还可以防止因粉底堵住毛孔而伤害皮肤，减少或延迟粉底的脱妆现象，给皮肤提供一个清洁温和的环境，形成一个抵御外界侵袭的防备"前线"。

### 2. 粉底

#### （1）粉底的选择

涂抹完防晒隔离之后就要打粉底了。使用粉底的目的是均匀肤色，令皮肤细致无瑕疵。粉底产品一般有粉底液、粉底霜、粉底膏。就遮瑕效果而言，粉底膏的遮瑕效果最好，但较为厚重，适合摄影和舞台妆使用。粉底液轻薄易推开，是我们最常用的一款粉底产品。我们可以根据肤色选择适合自己的粉底液。通常粉底液的颜色应与自己的肤色一致。或者选择比自己肤色深一个色号或浅一个色号的粉底颜色。但是过于白或者过于深的粉底液会让面部的肤色与身体的肤色差距较大，显得不够自然。

#### （2）涂抹粉底的方法

涂抹粉底液可用粉底刷、海绵或者徒手进行。无论使用哪种方法，我们都要注意涂抹的效果应是均匀的、薄透的。涂抹时手的力度要轻柔，以免令皮肤起皱纹。

#### （3）遮瑕

需要用遮瑕膏对脸部有缺陷的部分，如痘印等进行处理。通常，遮瑕膏会选择比粉底液深一个色号，以按压的方式进行遮盖。

### 3. 定妆

定妆，顾名思义就是固定底妆，是缓解脱妆的有效方法，一般选择定妆粉吸除面部多余油脂、减少面部油光，使妆容更精致、持久。

### （二）眉眼部的修饰

眼部的修饰包括眉毛、眼影、眼线和睫毛膏。眉清目秀，会使一名幼儿园教师的仪容更干净，表情也更有活力。

### 1. 眉毛

#### （1）眉毛的修剪

我们要想画出漂亮的眉形，首先要对眉毛进行修整。根据预设的眉形，将多余的眉毛清除掉。常用的工具有眉剪、眉刀、眉夹。眉毛要定

学习笔记

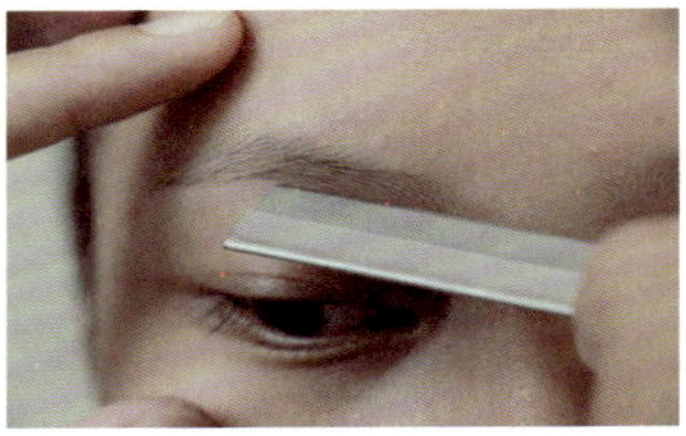

期进行修整。（图1-1）

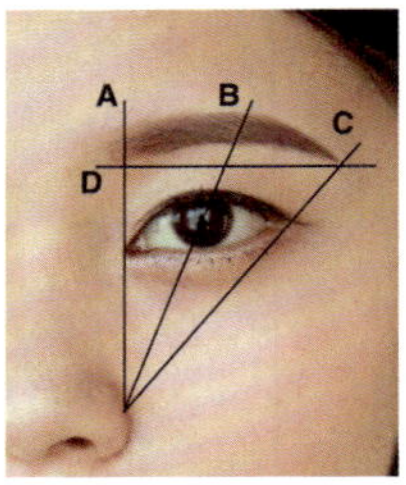

图1-1

图1-2

（2）**基本眉形的修饰**

　　要画出形状优美的眉形，首先要确定眉头、眉峰、眉尾的位置。（图1-2）

　　一般情况下，眉头（图中A点、D点）与内眼角线对齐或略长一些。眉峰（图中B点）的位置在眉毛的2/3处，或者从鼻翼到眼球中部连线的延长线上或两眼平视时眼球外缘的延长线与眉毛的交汇处就是眉峰。眉尾（图中C点）则在从鼻翼到外眼角连线的延长线上。注意眉尾不能低于眉头（图中C点不低于D点），否则形成了正八字眉，令人看起来很滑稽。

　　眉毛的颜色是从眉头淡淡的加深至最深的眉峰，眉尾比眉峰略浅。基本眉形要自然、流畅，眉色通常浅于发色。

（3）**画眉步骤**

　　下面以一款自然的眉形为例，说明画眉的步骤，如表1-1所示。

**学习笔记**

表1-1　画眉的方法步骤

| 步骤 | 画法 | 图示 |
|---|---|---|
| 步骤一<br>晕染眉毛 | 　　用眉粉刷在眉头处进行晕染，注意晕染的方向，要从眉峰向眉尾或眉头方向晕染。<br>　　提示：眉粉不要一次蘸取过多，应一点一点地逐渐加深。如果画得过于浓重，可使用棉签轻轻擦除。 | 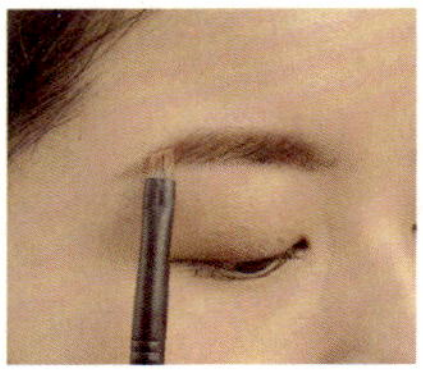 |
| 步骤二<br>眉笔勾勒线条 | 　　用眉笔轻轻勾画眉毛外轮廓，注意眉尾的线条要干净清晰。<br>　　提示：眉笔的笔头不宜过粗，否则难以勾画出清晰的线条。线条颜色不宜过重，看起来不够自然。 | 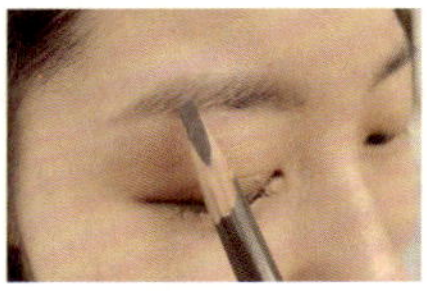 |
| 步骤三<br>整体修整 | 　　眉毛画完后，要进行最后的修整。眉毛要尽量对称。眉毛线条要清晰干净。眉头可用眉刷或棉签将颜色刷淡，由淡到浓过渡到眉峰会显得非常自然。 | 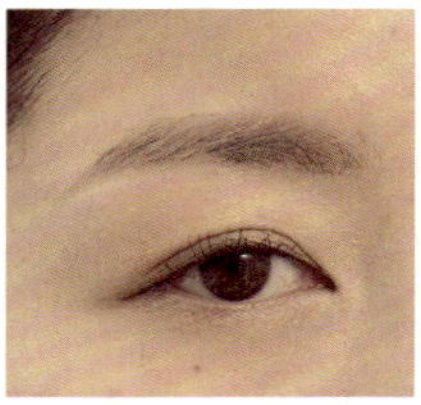 |

眉形有很多种，选择眉形可以根据脸型、眼形和不同妆容来确定。

### 2. 眼影

眼睛是心灵的窗户。眼影的选择通常也要考虑服装的搭配和场合。

#### （1）眼影的颜色选择

眼影的颜色很多，我们应该如何选择呢？对于东方人来讲，大地色系是非常实用的颜色，适合的场合较多，且易与服饰搭配。我们在选择眼影颜色的时候需要考虑年龄、职业、场合。幼儿园教师在工作中要回避蓝色、绿色、紫色之类比较明艳夸张的颜色。

#### （2）眼影的画法

三色眼影是较为常用的。三种颜色由浅至深排列，便于人们按顺序使用，尤其适合初学者。使用眼影的基本步骤如下。

第一步，选三色眼影中最淡的颜色用化妆刷涂抹在图1-3中的A区以提亮眼部即从睫毛根部至上眼眶外。第二步，在眼皮的三分之二处（B区）涂上中间颜色，注意要从睫毛根部向上逐渐晕染变淡。注意眼尾的地方可以比其他地方颜色稍重一点，也可以在下眼睑后三分之一处也刷上一点。第三步，将最深的颜色涂抹在睫毛根部往上三分之一处（C区），眼尾处可适度拉长，C区向B区过渡要自然。注意填满上眼角处，不要留空白。

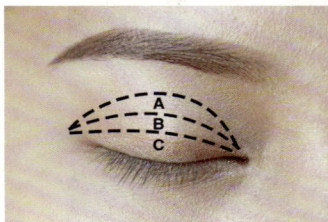

图1-3

---

### 相 关 链 接

眼影的画法有很多种，可分为平涂法、渐层法、段式法、倒钩法、烟熏法、欧式法、前移法、后移法。以下三种画法适合幼儿园教师使用。

平涂法：平涂眼影画法无法表现面部的结构，是指用单色眼影平涂在眼睑上的描画手法。浅色平涂使人显得单纯、年轻；深色平涂使人显得直率、时尚。选用平涂法晕染眼影时，应从睫毛根部开始描画，睫毛根的部位可描画得浓一些，色彩可深一些，逐渐向上减淡消失在眼窝处，再在眉弓骨处用亮色提亮，增加眼部的立体感，与眼影自然衔接。

渐层法：渐层法眼影层次过渡明显，在色彩的表达上较为丰富，可选用同类色、类似色或邻近色。渐层法可使眼神具有神秘感，同时可消除浮肿的眼皮，拉宽眉眼间距。选用渐层法晕染眼影时，我们可先选择浅色的眼影，用平涂的手法平铺眉弓骨以外的上眼睑，然后选用深色眼影从睫毛根部开始以三等分的方式描画眼影，将眼线至眼窝的部位划分为三等分，靠近睫毛根处的眼影颜色最深，向上颜色渐淡，且色彩与色彩之间不能有明显的分界线，色彩要过渡自然，如需加深颜色，同样选用三等分的方式描画眼影。一般在用渐层法晕染眼影时，眼影色彩由浅入深，不宜超过三种颜色。

倒钩法：倒钩式眼影具有放大眼形的效果，能更加美化眼部。倒钩式眼影，一般选用较深颜色的眼影顺着双眼睑的折痕线从眼尾向眼头晕染，颜色由深到浅，至眼睑的三分之一或三分之二处消失。在描画的过程中注意眼影的面积不可过大，双眼睑的折痕下方可留有明显的分界线，但上方的眼影颜色一定要晕开。

### 3. 眼线

眼线是眼妆的重要组成部分，眼线画得漂亮，可以调整眼形，使眼睛变得更有魅力。

**步骤一：画上眼线。**

眼睛向下看，眼线笔紧沿睫毛根部描画上眼线，注意眼线要流畅。

整条纤细的眼线强调了眼部轮廓，看起来清爽自然。如果想达到大眼睛的效果，我们也可以在中部三分之一处适当加粗，让眼睛更有神，有增大眼睛的效果。自然淡雅的眼部妆容要尽量避免使用过粗的眼线。（图1-4）

图1-4

**步骤二：眼尾的处理。**

眼线在眼尾处结束即可，长眼线过于时尚、个性，适合社交场合和休闲场合。把眼尾的上眼线略向上提，可以令眼睛更有神，同时对于眼角下垂的人来说有上提眼角的效果。（图1-5）

图1-5

**步骤三：整体修饰。**

下眼线让人看起来年龄感较重且有距离感，可以不画。在工作之外，为了强调眼部，增加时尚感，可以画下眼线的后三分之一处。（图1-6）

图1-6

### 4. 睫毛膏

睫毛膏起强调眼部的作用，幼儿园教师在工作时可适当涂抹。

**（1）睫毛膏的种类与选择**

根据效果，睫毛膏可以分为纤细型、浓密型、卷翘型等。有黑色、蓝色、紫色等不同的颜色可供选择。黑色纤细型睫毛膏更适合幼儿园教师在工作时间涂抹。

使用睫毛膏要注意：如果每天使用睫毛膏，卸妆一定要彻底。一般的洁面产品是不能彻底清除睫毛膏的，应选择使用专门的眼部卸妆产品。

**（2）使用睫毛膏的步骤**

步骤一：夹睫毛。用睫毛夹从睫毛根部至睫毛尾部分三次夹睫毛，夹睫毛时略向上提，注意力度，避免用力过大而让睫毛看起来生硬、不自然。（图1-7）

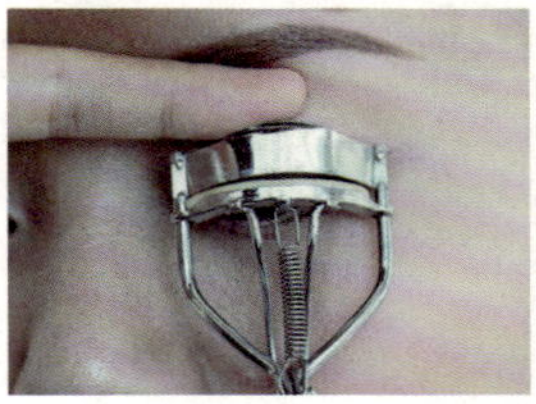

步骤二：刷睫毛膏。刷睫毛膏时可由睫毛根部向尾部刷，这样刷出的睫毛有拉长的效果。如果希望睫毛看起来浓密，用"Z"字形的方式由睫毛根部至尾部刷。如果睫毛有结块的情况，就需要用睫毛梳来梳理，千万不要出现"苍蝇腿"现象。（图1-8）

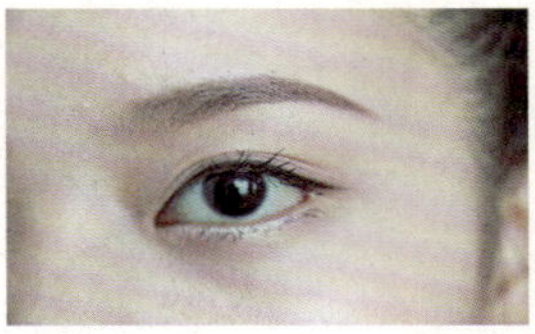

图1-7

图1-8

**（三）打腮红**

腮红可使面颊健康红润，有改善肤色的作用。

**1. 选择腮红**

选择腮红的颜色，我们一般会考虑年龄和场合。从年龄的角度讲，年轻女性适合选浅淡的腮红，如淡粉色、浅橘红色、桃红色等。中年女性选玫瑰红、豆沙色、砖红色等深色腮红为妥，以衬托出端庄典雅的风范。从场合的角度说，白天上班或者外出时，我们宜用浅色腮红；在出席晚宴、晚会时，我们宜选择深色腮红。幼儿园教师工作时要注意选择淡色系颜色涂抹。

**2. 用腮红改变脸型**

标准脸型：这种脸型适合标准腮红刷法或是刷成椭圆形。即从腭骨内侧向太阳穴斜向上刷。其范围在鼻子下方与下眼睑中间的区域。

长脸型：我们需要缩短长脸的视觉比例，所以要在苹果肌的位置由内向外横向打腮红，以缩短脸部的视觉差，重点是在眼底下及太阳穴上刷腮红。不要低于鼻尖，以横刷为宜。

圆脸型：我们需要拉长视觉比例，由鼻翼至颧骨向外打圈，靠近鼻侧，不要低于鼻尖，不要刷进发际，面颊应刷高些、走长线条，用长线条拉刷至太阳穴。

方脸型：由颧骨顶端向下斜刷，面颊的颜色应刷深些、高些，或刷长，以突出轮廓，使脸型视觉上显小。

倒三角脸型：颧骨部位用深色腮红拉刷，颧骨下方用浅色腮红横刷，使脸型显得丰满，视觉上改善脸颊过窄的部分。

学习笔记

图 1-9

图 1-10

图 1-11

学习笔记

正三角脸型：面颊刷高些、长些，适合用斜刷法，同样需要在视觉上改善脸颊过窄的部分。

菱形脸型：从耳际稍高处向颧骨方向斜刷，颧骨处的颜色应该深一些。

腮红一般不要超过鼻底线，以免显得不自然。（图 1-9）

### （四）唇妆

我们建议幼儿园教师在工作时使用无色或自然唇色的唇膏，避免使用颜色艳丽、夸张的唇膏，特别是大红色系的唇膏或唇釉。涂抹这类颜色的唇膏会给人留下过度修饰、不专业、不敬业的印象。年轻的幼儿园教师可选择裸色系唇彩或唇蜜、唇釉，突出青春、靓丽的特点。

#### 1. 步骤一：上唇画法

用唇刷刷取唇膏从上唇唇峰开始画。然后由外侧向唇峰涂抹，注意边缘线要干净清楚。然后从嘴角向唇部中间画，最后填满上唇。（图 1-10）

#### 2. 步骤二：下唇画法

唇刷由嘴角向下唇中部画，唇刷画满整个下唇。（图 1-11）

为了让双唇看起来更有立体感，可在双唇上涂抹透亮的唇彩或唇蜜，以达到提亮的效果。需要注意的是，在涂唇彩时一定要避开唇线。

到这里，所有的化妆程序已经完成。最后，做整体检查，对细节进行修整。

### （五）卸妆

卸妆是面部清洁和健康的重要保障。彩妆含有特殊的物质，需要用专门的卸妆产品，一般情况下洗面奶是无法彻底清除的。什么时候需要卸妆呢？我们使用隔离、彩妆、防晒用品之后需要卸妆；如果空气不好，如在雾霾、尾气、灰尘较多的地方，我们也可使用卸妆产品对皮肤进行彻底清洁。

卸妆应该遵循一定的步骤，原则上要先卸除色彩较多、较重的部位的妆容，如眼妆，然后再清洗其他部位。

#### 1. 步骤一：卸眼线和睫毛膏

眼线和睫毛膏不易清除，要选择专门的眼部卸妆液来卸妆。把卸妆液倒在化妆棉上，将化妆棉敷在睫毛和眼线处，让卸妆液将眼线和睫毛膏溶掉，然后，在眼部按压一会儿，由睫毛根部向下轻擦。记住动作要轻柔，因为眼部皮肤十分娇嫩。

### 2. 步骤二：卸眼影

用化妆棉蘸上眼部专用卸妆产品，在眼部轻按 5 秒，充分溶解眼影。由内眼角向外眼角慢慢抹去，尽量避免过度拉伸眼部肌肤。

### 3. 步骤三：整体卸妆

卸妆油是很好的彩妆卸妆用品。使用时用干手将卸妆油直接涂抹到面部，并以双手轻柔打圈按摩面部，让卸妆油中的乳化剂油脂与彩妆油污充分融合，然后双手蘸取适量清水以相同方式在面部再次打圈按摩，让卸妆油充分乳化，彻底溶解彩妆。这是卸妆的关键步骤。使用流动的清水清洗干净。卸妆油使用后往往仍有油腻的感觉，我们可以使用洗面乳等洁面产品对面部进行再次清洁。最后别忘记补水和护肤，这样皮肤才会保持健康。

化妆在提高面部颜值的同时，还增加了幼儿园教师的自信，有助于幼儿园教师职业形象的提升。幼儿园教师的专业度体现在对美的追求要让位于职业对美的要求。掌握了化妆技巧，就可以通过面部修饰来提升个人职业形象。从现在起，让我们通过练习，来提高化妆技术水平，行动起来吧！（图 1-12）

图1-12

学习笔记

## 单元3　发型修饰

### 一、头发的功能与作用

头发对人体而言具有三个功能。第一，生理功能。头发能够保护头皮，减少和避免外来的机械性和化学性的损伤，可以缓冲对头部的伤害；头发可以阻止或者减轻紫外线对头皮和头皮内组织器官的损伤；头发具有散热和保暖的功能。第二，修饰功能。不同的发型可以展现出人的不同气质形象，如披肩长发，体现女性的温婉；扎起高马尾辫，体现青春活力；整齐的短发，体现出干练。男士发型的设计，或体现出成熟沉稳，或时尚流行，或青春年少。第三，礼仪功能。在传统文化中，头发是礼貌、文明的象征。

今天，人们越来越重视发型，意识到发型对一个人仪容提升的重要性，发型是改变形象最为显著、重要的一部分。自古至今，发型与服饰的发展相互影响，是一个国家和民族政治、经济、文化发展和审美水平的体现。

## 二、幼儿园教师发型修饰的意义和基本要求

造型师吉米说："人们穿衣服可以随意一点，但发型是整个精神面貌的焦点，一定不能马虎。"头发被誉为"人的第二皮肤"，是面部修饰的重要组成部分，健康、亮泽、清爽的头发是健康的象征。不同的发型能够带给人不同的气质形象。一个得体的或有设计感的发型能够为你的外在形象加分，一个适合职业岗位的发型能够助力你的事业发展。

### 相关链接

日本的著名企业家松下幸之助从前不修边幅，企业也不注重形象，因此企业发展缓慢。一天，他理发时，理发师不客气地批评他不注重仪表，说："你是公司的代表，却这样不注重衣冠，别人会怎么想，连本人都这样邋遢，他的公司会好吗？"从此松下幸之助一改过去的习惯，开始注意自己在公众面前的仪容仪态，生意也随之兴旺起来。现在，松下电器的各类产品享誉天下，这与松下幸之助长期率先垂范，要求员工懂礼貌、讲礼节是分不开的。

幼儿园教师是培养祖国未来花朵的园丁，在大众眼中有固定的形象。符合这一形象才能得到社会、家长和幼儿的认可。得体的形象是教师专业能力的体现，是一个人文化素养、审美情趣和精神追求的展现。得体的发型是职业形象的重要组成，对幼儿园教师形象的塑造起着不可忽视的作用。

幼儿园教师在选择发型时要注意，前发不覆盖额部，侧发不触及耳朵，后发不接触衬衣衣领。女教师通常长发不披肩，过肩长发应束起或盘起，不能散发或蓬乱不堪，不能奇形怪状或过于时尚，甚至男女不分。还要注意不佩戴华丽的或数量过多的头饰，避免因发型发饰引起幼儿的过多关注而影响正常教学。

资料来源　公关礼仪教师专业实践能力培训教程［M］.北京：中国人民大学出版社，2011.

### （一）干净整洁

亮泽的秀发是健康的象征，是美丽的点缀。恰当得体的发型可使人仪表端庄，显得彬彬有礼。蓬头乱发不仅是对自己的不尊重，而且也是对别人的不礼貌。头发处于人体的"制高点"，是他人最先注意的地方，任何人都不喜欢接近一个头发油成缕、散发出阵阵头油味道的人。幼儿园教师每天都会和幼儿近距离地接触，家长接送幼儿的时候也一定希望看到一位穿戴干净整齐的教师，头发干净清爽是打造职业形象的重要组成部分。

### 1. 勤洗头发

保持头发的干净、清爽、无异味是发型修饰的第一步。要养成周期性洗头的好习惯。幼儿园教师参加一些重要的交际应酬或比较正式的宴请等社交活动时，尤其是参加自己有可能成为焦点的活动前，一定要专门整理一次头发，让自己的形象更加完美。爱出汗的教师或头发油脂分泌较为旺盛的教师要养成每天早上出门前清洗头发的习惯，这样可以让自己一天都保持一个清爽干净的状态。

### 2. 定期理发

对发型的修理可以根据个人情况而定。短发一般一个月左右修剪一次，长发根据个人的需要来选择修剪的时间。女幼儿园教师的头发长度要适宜，过长则不宜清洁且显得累赘，过短则体现不出性别特征而引起家长的误解。

### 3. 必要护理

干枯、开叉的头发需要进行修剪、护理。如果出现头皮屑，教师需要及时就医，找准原因，及时根治。

### （二）发型适宜

发型，即头发的整体造型。幼儿园教师选择发型时，不仅要美观大方，而且还要考虑发型与个人身材、脸型、年龄的适宜度。更要符合工作岗位和场合需要。教师在此基础上，可适当兼顾个人偏好。

学习笔记

### 1. 个人条件

个人条件包括发质、脸型、身高、体形、年龄、着装、配饰、性格等，这些都会影响发型的选择。其中，脸型是选择发型时首要考虑的因素。选择发型时，一定要遵循"适合岗位、适合自己"的原则。因幼儿园教师职业的特殊性，幼儿园教师不适合时尚、妩媚、另类的发型，即使自己非常喜欢，也要让位于职业需要。

### 2. 身份差异

一般说来，人们出席商务、政务等工作场合时，发型应当传统、庄重、保守一些；人们出席社交场合时，发型可适当有个性、时尚、艺术一些。幼儿园教师不论男性，还是女性，都不应煞费心机地在自己的发型上搞花样，以免转移幼儿的注意力，影响学习效果。幼儿园女教师可以选择简洁的发型，可以带给幼儿活泼、积极向上的情绪感受。

### 三、适合幼儿园教师的几款发型

幼儿园教师的发型应该是简洁清爽又不失亲和力的。这里跟大家分享几款适合幼儿园女教师的发型。

#### 1. 清爽的短发

波波头对幼儿园女教师是不错的选择。侧分的刘海可以完美地修饰脸型，干净柔顺的发型加上自然的发色，可以打造出清新脱俗的视觉效果，十分符合幼儿园教师的形象要求。（图1-13）

#### 2. 清爽活力的马尾辫

马尾辫是一款非常减龄的发型，体现出青春活力，运动感强。对于幼儿园教师来说，运动款的工作装和整齐、利索的马尾辫是非常好的搭配。（图1-14）

#### 3. 简单盘发

高盘发也很有活力。向大家介绍一款简单易操作的盘发方法。先扎一个高马尾，然后把头发编成三股辫，然后围着头发根部缠绕，最后用"U"型卡固定。这款发型活泼大方，简单利索，适合绝大多数场合，如社交场合、工作场合、休闲场合等。（图1-15）

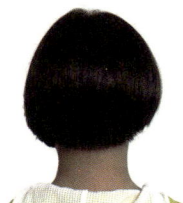

图1-13

图1-14

图1-15

学习笔记

## 单元4　肢体修饰

在教育教学活动中，幼儿园教师的肢体语言也起着至关重要的作用，尤其是手势语。幼儿教师不仅要通过手势动作来强调某种观点或提醒幼儿遵守秩序、养成习惯和认真学习，而且还经常用手拉一拉幼儿的手，拍一拍幼儿的肩，抚慰一下幼儿等。不论鼓励、安慰，或是爱抚都离不开手。而幼儿园教师的腿部、脚部修饰也是仪容礼仪的重要内容，也会影响幼儿园教师的工作。因此幼儿园教师对于肢体修饰的问题不能忽视。

### 一、幼儿园教师肢体修饰的部位和要求

契诃夫曾说："人在智慧上应当是明朗的，道德上应该是清白的，身体上应该是清洁的。"现在，让我们看看肢体清洁与修饰的要点。

### （一）手掌在首位

#### 1. 注意清洗

手掌，是人们做出形形色色的手语的关键媒介。在日常生活里，手是接触他人和其他物体最多的肢体，这一点对于幼儿园教师而言显得尤为突出，所以要引起幼儿园教师的足够重视。手部的修饰首先是清洗。幼儿园教师洗手，不应只在饭前、便后，而应当在一切有必要的时候。要记得如果自己的双手粗糙、红肿、皲裂、脱皮，说明自己不注意手部保养。我们应该注意让自己的双手保持自然健康的状态。

#### 2. 修剪手指甲

幼儿园教师要注意自己手指甲的长度，及时修剪手指甲，一般是每两周修剪一次，长指甲易"藏污纳垢"，尖长的指甲容易划伤幼儿，也不便于工作，所以不要留长指甲。手指甲长度的标准为：掌心向内将手举起，让自己的指尖与眼睛保持水平，如果此时看不到指甲，则指甲的长度是标准的。留长指甲是不符合幼儿园教师身份的，也不符合幼儿园教师的岗位需求。

美甲要适度，不要做夸张的甲油胶或者造型。定期去除死皮，定期保养双手是一个好习惯。幼儿教师由于工作需要，经常给幼儿提供饭食、水果、糕点等，为减少安全隐患不要涂指甲油。

#### 3. 去除暴皮

幼儿园教师要及时去除指甲沟附近的暴皮。除暴皮时，幼儿园教师要注意时机与场合，不宜当众操作，更不能在幼儿做活动时操作。要用剪子或指甲刀等工具，不要用手撕扯，避免撕扯出现伤痕。幼儿园教师手部的伤痕可能让幼儿产生紧张、担心、害怕等不良情绪。

#### 4. 悉心保养

要悉心保养手部，不要让它受伤。如果皮肤粗糙、红肿或是皲裂，幼儿园教师一定要及时进行护理、治疗。如果长癣、生疮、发炎等，更要及时治疗，因为这样不仅会使人产生不快，而且还有传染的可能，这时就需要避免接触幼儿。同面部一样，幼儿园教师肢体上的伤病还会让幼儿和家长担心。

学习笔记

### （二）肩臂要关注

幼儿园教师在正式的教学或其他公务活动中，不宜穿着无袖装。露出肩部特别是露出腋下的服装不符合教师职业形象的要求。肩部不应当裸露在衣服之外。

幼儿园教师要特别注意腋毛的处理，在正式场合不要穿露肩、无领、薄透、短小的服装，在休闲场合或社交场合，若打算穿着暴露腋窝的服装，则需要清除腋毛。

### （三）口腔卫生要重视

除了肢体修饰，幼儿园教师的个人口腔卫生也不容忽视，如牙齿的清洁、保持口气的清新等，特别是要注重对口腔气味的控制。

预防口腔异味可以从两方面做起。其一，如果就餐后还要继续上课，就避免吃洋葱、大蒜、韭菜、葱、榴梿等食物。进食韭菜 12 小时后，口腔中韭菜的味道才会消失。其二，如果口腔异味是由身体原因所致，我们就要请医生协助解决。

洁白的牙齿会给幼儿留下美好的印象，除日常自我清洁外，幼儿园教师要定期到医院进行牙齿保洁，通过牙齿保洁去除牙面的细菌、牙石、色素等牙垢，保持牙齿洁白健康。

*学习笔记*

### （四）腿部、脚部是细节

俗语说："远看头，近看脚，不远不近看中腰。"腿部在近距离之内常为他人所注意，在修饰仪容时不能忽略。

#### 1. 不露大腿

由于幼儿园教师工作的特点，幼儿园教师宜穿长裤或穿长度在膝盖下方的七分裤或九分裤，但不能穿短裤，或穿暴露大部分大腿的超短裙。一般说来，女教师的裙长应当不短于膝盖上方 5 cm，不要长过膝盖下 5 cm。太短，则有失庄重；太长，则显得过于保守、老气。穿裙装时，幼儿园女教师一定要穿连脚肉色丝袜，无论男士还是女士，在工作期间将腿部皮肤裸露在外是不礼貌的行为。对幼儿园教师而言，工作场合就是正式场合，一定要注意这些细节。

#### 2. 不光脚

在正式场合中，是不能光着脚穿鞋子的，这样做既不美观，又可能被人误会。女性光脚穿鞋，或穿一些可能使脚部过于暴露的鞋子，都有可能被视为卖弄性感的做法。在正式场合，对鞋子的穿着要求是"前不露趾，后不露跟"。

## 拓展学习

### 印象管理与仪容礼仪

美国著名形象设计师莫利先生曾对美国100位首席执行官（CEO）进行过调查，结果显示，93%的人认为在首次面试中，求职者会因为不合适的穿着和举止而遭到拒绝。同时有相当多的求职者会在面试之前针对可能出现的问题进行精心的准备，甚至会对着镜子精心演练自己的一言一行……这些努力都是为了给别人留下一个好印象。这种控制别人对自己形成某种印象的过程，在心理学中称为印象管理。

印象管理，也称印象控制，是心理学家库利、戈夫曼等人提出的，是一个人以一定的方式影响他人对自己印象形成的过程，使他人形成的有关自己的印象符合自己的期望。恰当的印象管理是人际交往的润滑剂，可以使交往顺畅地继续下去，是人类文明的标志，是衡量个人修养的尺度。

与人交往的时候，为了给他人留下一个好印象，我们就需要对自己进行印象管理。因为我们要想被周围的人接纳，就必须按照社会的期望行事，不能不考虑自己的处境而随便做自己想做的事情。因为一个人的外部印象无时无刻不影响他的自尊和自信，最终影响他的信任度和幸福感。当然，塑造一个精神的、美好的形象并不仅仅为了取悦别人，更重要的是让自己有一份好心情，一个好的生活状态。好的形象让别人更愿意接近我们，当我们获得别人的认可和欣赏时，你的生活也充满了更多的机会；好的形象也让我们对自己更加满意，让我们对生活充满了热情。

一个人的形象包括外在形象和内在气质与涵养。给人留下好的印象，你至少要注意以下两点。

其一，得当的言行举止。

言行举止最能反映一个人的内在涵养。比如，不要在公共场所做不雅的举动；不要在众目睽睽之下涂脂抹粉，如果需要补妆，可以到洗手间或附近的化妆间；在社交场合注意保持仪态，不喧哗，不吵闹，不旁若无人地大笑。

其二，重要的"面子"。

心理学家认为，第一印象主要是性别、年龄、衣着、姿势、面部表情等外部特征。所以，我们要给人们留下一个好的印象，首先要从外表上注意形象。特别要注意的是个人卫生，衣服不一定新潮亮丽，但一定要干净整洁。

## 情景演练

　　今天是幼儿园开学的第一天，我们应该从哪些方面考虑自己的仪容美呢？我们要以怎样的面貌迎接新入园的幼儿呢？大家分组讨论，列出细节，然后再交流分享。

## 思考与练习

　　1. 你学会化妆了吗？现在就尝试化生活淡妆吧！

　　2. 假如你今天要去一个幼儿园试讲，打扮一下自己，让同学们帮你点评一下吧！

## 学习反思

# 模块二　幼儿园教师的服饰礼仪

## 学习目标

1. 理解幼儿园教师着装的重要性。

2. 了解幼儿园教师着装的特点。

3. 掌握幼儿园教师着装的要求。

4. 掌握幼儿园教师服装搭配的基本技巧。

5. 学会在实践中根据不同场合穿不同的服装。

## 学习重点与难点

◆ 学习重点

掌握幼儿园教师着装的要求，掌握服装搭配的基本技巧，掌握职业装和礼服的服饰搭配技巧。

◆ 学习难点

熟练掌握在实践中根据不同场合穿着打扮。

### ❓ 我 的 问 题

我是"90后"，非常喜欢时尚、漂亮的衣服和首饰，我们幼儿园没有统一的园服，所以我就穿自己喜欢的衣服去上班，领导检查时会批评我几句。有一次我戴着一条漂亮的水晶手链，兴高采烈地来到幼儿园。幼儿们都说好看，可就在我指导他们进行数学活动时，意外发生了，手链钩到了一个幼儿衣服上的扣子，"啪"的一声线断了，水晶珠子散落了一地。看到这个情形，幼儿们纷纷放下手中的操作材料哄抢散落的珠子。顿时，原本安静的活动室乱成了一锅粥，任凭我大声提醒幼儿"安静""坐下"，也无济于事。由于幼儿们非常兴奋，教学活动只好草草收场。还有一个幼儿因为踩到了珠子摔倒了，虽然没有受伤，但我还是后怕。事后，园长不仅严厉地批评了我，还将着装标准写进了教师守则：教工在上班期间一律不准佩戴饰物，不涂染指甲，不准穿另类服装，以穿运动装、运动鞋上班为宜。看到事情这么严重，我心里很不是滋味……

## 单元1　幼儿园教师着装的特点和要求

随着经济的发展，生活水平的提高，人们的审美要求也不断提高，对美的追求也越来越强烈。在人与人交往过程中，服装不仅具有传递信息的作用，而且还能够给人以充分的审美享受。近些年来，学前教育越来越受到全社会的关注，幼儿园教师是幼儿学习活动的支持者、合作者、引导者，同时幼儿园教师的精神面貌、职业道德、行为模式、言谈举止、衣着服饰等无不潜移默化地影响着幼儿。

### 相关链接

我园是一所公办的市级示范园。前不久从大学毕业的张老师来到我园工作，报到的第一天张老师精心打扮了一番：亚麻色的大波浪卷发、彩绘指甲、精致的妆容，衣服上夸张的配饰，细细的高跟鞋。她给我们留下了深刻的印象：前卫、时尚。这样的装扮对于幼儿园来说有一种格格不入的感觉。果然，开学还没几天，就有家长投诉了，张老师班上很多小女孩回家涂妈妈的指甲油，戴妈妈的项链，而且早上对于衣服的搭配特别挑剔，上幼儿园前总为穿什么衣服闹脾气，明明很冷的天，却硬要穿短裙。家长苦口婆心地劝说，孩子们却说："我们张老师就是这样穿的！"家长也无可奈何，只好求助园长。园长跟张老师进行了一次严肃的谈话，明确地指出了她的问题。张老师觉得很委屈。

资料来源　方芳．谈幼儿园教师的"时尚"衣着形象［J］．儿童与健康，2011（12）．

**学习笔记**

我们可以从以上的问题和案例看出，服饰不仅是一个人的精神气质的直观表现，更在向外界传递一个人的道德修养、文化水平、审美情趣和文明程度。了解幼儿园教师的特点和要求，制定并遵循相关的服饰规定是很有必要的。

### 一、幼儿园教师的着装原则

幼儿园教育是基础教育的重要组成部分，是学校教育和终身教育的奠基阶段。幼儿园教育是一个人启蒙阶段的教育，我们在幼儿期都具有强烈的好奇心和探究欲，幼儿是勇于实践的探索者，喜欢模仿。幼儿园教师不仅是知识的传播者，而且其一言一行还对幼儿有着潜移默化的影响。

幼儿园教师需要了解服装的相关知识，掌握着装的艺术，以塑造良好的自我形象。结合多年的工作实践，我们认为幼儿园教师的着装有以下原则。

① 服饰要安全，要消除面料、配件等方面的隐患。

② 服饰应整洁美观，舒适大方，便于活动。

③ 服饰色彩明快亮丽，适合幼儿的心理特点。

④ 遵循服饰礼仪 TPO 原则。T，P，O 分别是英语中 Time，Place，Object 三个单词的首字母缩写。T 指时间，泛指早晚、季节、时代等；P 代表地方、场所、位置、职位；O 代表目的、目标、对象。TPO 原则是目前国际公认的衣着标准，也是幼儿园教师在选择服饰时应遵循的基本原则。

得体的服装是工作意识的体现。幼儿园的工作性质，决定了幼儿园教师着装的款式、风格和色彩。例如，有的教师的服装会"唱歌"，不小心碰到会发出声响，分散了幼儿的注意力，影响教学；有的教师的服饰上有一些较粗糙的装饰或拉链，容易划伤幼儿；有的教师的服饰上有一些小的容易脱落的装饰物，被幼儿捡拾吞咽或塞进鼻腔易造成事故……我们不能忽视服装对工作的影响，专业的形象塑造体现了园所管理的规范性、教师对待工作的专注度、对幼儿的爱心程度，从而体现出敬业精神。

## 二、幼儿园教师着装的特点

幼儿园教师的穿着打扮、仪容修饰等，首先要符合教师的职业特征，又要考虑教育对象——儿童的年龄特征。幼儿尚处在世界观和人生观的雏形时期，这一期间的幼儿有很强的模仿性与亲师性。幼儿园教师是幼儿园教育活动的引导者，是幼儿学习、模仿的对象。教师的言行举止直接影响着幼儿的发展。2012 年颁布出台的《幼儿园教师专业标准（试行）》，要求幼儿园教师应着装得体。许多幼儿园也将教师的着装规范写入了幼儿园规章，如"上班时，穿戴整洁、大方，姿态端庄、举止得体，不袒胸露背、浓妆艳抹，不佩戴饰品，保持指甲干净、长度应不超过 2 mm、不涂抹指甲油"等。一名出色的幼儿园教师在关心幼儿、教育幼儿方面非常用心的同时，还应当非常注意自己的仪表。幼儿园教师崇尚新潮、追求时尚本来也无可厚非，可是一旦过度，就会有损自己的专业形象，可能会引起家长的不满，甚至会影响正常教学。

学习笔记

我的任务
掌握幼儿园教师服装款式、色彩、搭配等方面的要求，并能够按规定统一着装。

### （一）幼儿园教师的服装款式

一般来说，幼儿园教师的着装应整洁、活泼、大方、大小得体，便于活动，美观、实用、搭配合理，还要与教师的年龄、性别、肤色、身高、体形等搭配协调。

#### 1. 服装风格不追求时尚

工作性质决定了幼儿园教师的着装不能过度时尚，适宜选择"流行中略带保守"的服装，款式可以新颖大方但切忌哗众取宠，不穿奇装异服。不宜穿着太时髦或太暴露的服装，如超短裙、超短裤、吊带裙、低胸装、无袖无领的服装。幼儿天性好奇心强，喜爱模仿，注意力也容易分散，教师的穿衣打扮不能偏离大众的审美标准而过于另类，或过于追求时尚，这都会对教学产生影响。为做到不打扰教学、不误导幼儿的审美取向，幼儿园规定教师不穿奇装异服，不留另类发型，长发不披肩，不染特殊颜色的头发，不留长指甲及不涂指甲油等。

#### 2. 选择的款式利于工作

幼儿园教师的穿着打扮应该是朴素中见时尚的，运动款式、休闲款式的服装都是可选款式，运动款服装为首选。幼儿园教师要组织幼儿开展丰富多彩的室内、户外活动，在选择服饰时应避免因穿着限制自己的手脚、影响教学活动。例如，牛仔裤是最受年轻人青睐的休闲款式，但是牛仔裤腰身很紧，不利于教师活动，所以穿运动裤较好。同时，裤装更便于工作需要，除幼儿园的特殊活动外，女教师尽量不穿裙子。幼儿园教师也可以选择一些娃娃装款式的服装，既可爱又不失成年人的味道，无形中增加了教师与幼儿的亲近感。

在选择工作用鞋时，运动鞋更利于活动。教师在幼儿园中不应当穿高跟鞋，尽量穿运动鞋。幼儿园的教学活动以游戏为主，运动鞋便于运动还非常舒适，最重要的是教师可以和幼儿一起游戏，增进师生友谊。

#### 3. 统一服装显规范

幼儿园管理规范化的一个明显体现就是教师工作服装的统一。许多幼儿园纷纷定制工作服，并在工作服的设计上煞费苦心，通过工作服的色彩、款式等突出园所的特色。从幼儿园教师角度来说，衣着整齐统一有三点好处。第一，充分体现教师的职业特点和健康的审美情趣，避免教师在着装上花费过多的精力。第二，可以减少幼儿对教师着装的关注度，提高教学效率。第三，统一的园服具有标识作用，在入园、离园时便于家长识别。

**（二）幼儿园教师的服装色彩**

色彩具有引导情绪的作用。幼儿对色彩十分关注和敏感。在幼儿园的环境创设中，色彩要简单明快。明快亮丽的颜色给人活泼、愉悦的感受，避免大面积使用灰暗、沉闷的颜色。幼儿园教师的服装色彩应符合幼儿园对色彩的要求，宜选择多彩的服装，建议选用马卡龙色服装，尽量不穿黑色。

**（三）幼儿园教师的着装场合**

不同场合穿不同服装，给幼儿以美的熏陶。幼儿园教师日常以色彩柔和、淡素的服装为佳；上班时间穿轻便、色彩艳丽的休闲装或娃娃服，并配以不同款式的休闲鞋。上班时间不穿高跟鞋，不赤脚，不穿拖鞋；带班或幼儿午睡时不穿有响声的鞋；庆典、晚会着礼服或套裙，强化幼儿的着装场合意识。

## 单元2　服饰搭配与配色的基本技巧

现在，越来越多的人意识到自身才是美丽的主体，服饰、色彩应服务于主体而非独立存在。幼儿园教师除了工作外，还会参与社交、休闲等场合的活动。在生活中，幼儿园教师可以根据自己的喜好和场合需要来选择适宜的服饰。现在，让我们一起来学习如何找到属于自己的扮靓规律，轻松打理出既美丽出众又充满自信的形象。

打造自己的魅力形象，重要的原则是适宜，只有适合自己的才是最美的。幼儿园教师的服饰的选择和搭配要考虑自身特点，还要考虑职业特点。我们应从服饰色彩和款式两方面入手，找到适合自己的服饰。

**一、色彩的选择与搭配**

色彩的成功搭配，可以让一个人精神焕发，魅力无限。学习服饰搭配必须清楚什么颜色适合自己。

**（一）我的冷色与暖色**

仔细观察周围每个人的皮肤、眼睛、毛发，我们就会发现，每个人的体色特征是不同的。人的体色特征是我们正确选色、用色、配色的依

学习笔记

我的任务

学习服饰色彩知识，找到适合自己的服装色。

据和原则。我们把人的体色特征分为两大基调——冷色调和暖色调。适合黄色为底调的人是暖色调人，适合蓝色为底调的人是冷色调人。暖色调的颜色给人的感觉是温暖的、火热的，给人留下热情、明亮、活泼温暖等印象。冷色调的颜色给人清凉的、冰冷的感受，给人留下沉稳、冷静等印象。还有一类颜色，如黑色、白色、灰色属于无彩色，也叫中性色。如何判断自己皮肤的冷暖色呢？

方法一：戴上银色的首饰（最好是项链），再戴上金色的首饰，比较哪种颜色更适合你，更能提亮你的肤色。如果银色看起来更好，那么你有冷色调的肤色；如果金色看起来更好，那么你有暖色调的肤色。

方法二：雪白色和乳白色衣服哪个让你看起来更精神？如果是前者，那么你有冷色调的肤色，如果你更适合乳白的颜色，那么你有暖色调的肤色。

方法三：口红定冷暖。如果你适合紫红色、裸色这样的口红，那么你可能有冷色调的肤色。如果橘色或珊瑚粉更适合你，那么你可能有暖色调的肤色。如果两种皆宜，那么你就有中性色调的肤色。

简单来讲，肤色偏白的人宜选择冷色调的服饰，肤色偏黄的人宜选择暖色调的服饰，这样人的肤色与服饰色彩才能和谐。（图2-1，图2-2）当然，如果你想驾驭更多的色彩，秘诀就是给自己画一个精致的妆容。

学习笔记

图2-1 冷色调人适合的颜色　　　　图2-2 暖色调人适合的颜色

### （二）我的色彩季节

1974 年，卡洛尔·杰克逊发明了"四季色彩理论"，这在时尚界尤为热门。此理论根据人的肤色、瞳色分为春秋（暖色系）和夏冬（冷色系）四季，后加入了明度、纯度等变化，又把四季扩展为十二季，即浅春型、暖春型、净春型、浅夏型、柔夏型、冷夏型、暖秋型、柔秋型、深秋型、净冬型、冷冬型、深冬型。每个人都有属于自己的色彩，当然，我们不是专业的形象设计师，不需要掌握这么全面的色彩理论，我们只需要掌握属于自己的色彩，掌握相关搭配要领即可。

自然界的颜色按冷暖色调可分成春、夏、秋、冬四个色系。每个人由于肤色、发色、唇色、瞳孔色以及脸上的红晕不同，不同的季节适用的色彩也不同。春色系艳而清，夏色系粉而冷、秋色系暖而温、冬色系深而冷。如果你对色彩测试感兴趣，不妨看看，自己属于哪一季。

**学习笔记**

### 相 关 链 接

1. 你的头发是怎样的？
A 浓、厚、硬，乌黑发亮或芝麻色
B 稀、薄、软，棕色偏黑
C 浓、厚、硬，褐棕色或黑芝麻色
D 稀、薄、软，棕色偏黄

2. 你的眼睛是怎样的？
A 明亮、目光犀利、有距离感
B 温柔、沉稳、有亲和力、不明亮
C 不明亮、沉稳，甚至蒙上了一层雾
D 明亮、可爱、有亲和力

3. 你的皮肤是怎样的？
A 苍白、偏黄，没有红晕
B 苍白、薄、偏黄
C 棕色、光滑、厚实
D 薄而透、容易脸红、过敏

4. 你的唇色是怎样的？

A　偏玫瑰色

B　偏旧、发乌、苍白

C　偏旧、发乌、色素深

D　偏橘红、鲜艳

　　如果 A 选项多，你就是冬季型；如果 B 选项多，你就是夏季型；如果 C 选项多，你就是秋季型；如果 D 选项多，你就是春季型。

　　资料来源　于西蔓.女性个人色彩诊断［M］.广州：花城出版社，2002.

学习笔记

　　春季型的人拥有一双明亮的眼睛，柔软的黄发配上红润的脸庞给人一种充满活力的感觉。在四季色彩中，春季型的人永远给人一种年轻、活泼、亮丽的感觉，仿佛春天里姹紫嫣红的鲜花。春季型的人属于暖色系的人，适合以黄色为主色调的各种明亮、鲜艳、轻快的颜色。在全身色彩搭配上，主色与点缀色之间应形成对比。适合用有光泽、明亮的黄金饰品。注意千万不要让那些厚重的颜色盖住自己的光芒。

　　夏季型的人流露出无限柔情，轻柔的黑发把女性的柔美演绎得淋漓尽致。夏季型的人从远处款款而来，清丽雅致如同一幅恬静的水彩画。为了不打破夏季型的人独有的亲切温和的感觉，在色彩搭配上应尽量避免选择强烈的对比色。只有在相同色系或相邻色系中进行浓淡搭配，才能表现夏季型人的贤淑。夏季型的人属于冷色系的人，穿着颜色以轻柔淡雅为宜，最佳色彩为蓝、紫色调，不适合有光泽、沉重、纯正的颜色，适合轻柔、含混的浅淡颜色。

　　秋季型的人有着瓷器般的皮肤，脸上很少出现红晕，一双沉稳的眼睛，给人以成熟稳重的感觉，再配上棕色的头发，是四季色彩中最成熟、最华贵的代表。金色和苔绿色可以让秋季型的人自信地表现出高雅气质，独占大自然丰收的色彩。秋季型的人属于暖色系的人，适合沉稳厚重、以金色为主的暖色调颜色。越浑厚的颜色越能衬托出秋季型的人匀整的肤质。秋季型的人在全身色彩搭配上，不适合对比。只有在相同色系或相邻色系中进行浓淡搭配，才能烘托出秋季型的人的稳重与华丽。

　　冬季型的人是东方女性的代表形象，拥有一头优质的黑发以及锐利有神的眼睛。只有纯正、饱和的色彩才能装扮出与之协调的完美形象，演绎出干练、艳丽的气质。因此，纯正的冷色系色彩、具有强烈对比的搭配效果，有光泽感的面料都是冬季型人的专属。在全身色彩搭配上，要避免使用含混不清的混合色，因为这些颜色不能与冬季型的人的肤色特征相配，应运用多种纯正色彩来装扮自己。

当然，以上的色彩搭配适用于任何场合，包括工作场合。

## 二、色彩的搭配技巧

什么是色彩搭配呢？将两种以上的色彩并置在一起，产生新的视觉效果，称为色彩搭配。服装的色彩搭配主要指上下装、内外衣以及它们与饰品的搭配组合关系。我们通过一定的方法将它们合理地搭配在一起，使服装在整体视觉上形成美好而调和的色调感。了解服装色彩搭配的基本知识，正确运用色彩穿出自己的品位和个性，达到扮靓自己的目的。

### （一）认识色彩

色彩可分为无彩色与有彩色两大类。无彩色为黑色、白色、灰色，即没有彩度的颜色；有彩色即为有彩度的颜色，如红色、黄色、蓝色等。由无彩色与彩色共同组成了我们生活中数以万计的颜色，是人们日常生活中必不可少的一种视觉感受。

#### 1. 色彩的属性

色彩具有三个属性，即色相、明度、纯度。

色相是指颜色的名称，如红色、粉色、紫色等，它是区分色彩的主要依据，是色彩的最大特征。明度是指颜色的明暗程度，如浅灰色、中灰色、深灰色等。在服装的色彩上明度也常被说成颜色的深浅。色彩深的，明度低一些，色彩浅的就是明度高一些。纯度是指颜色的鲜艳程度，又称为饱和度或彩度。纯度高的色彩给人华丽的印象，纯度低的色彩给人朴素的感觉。

无彩色也具有色彩的三个属性。

#### 2. 色彩的心理效应

色彩具有各种各样的心理效应和情感效应。人们看到不同的色彩，会产生各种感受与遐想，如冷暖感、轻重感、愉悦感、宽广感等。

### （二）色彩搭配的基本方法

在对服装进行配色时，我们需要注意衣服色彩的整体平衡性以及色调的和谐性。色彩搭配的手法无外乎对比与协调两大类。色彩的对比会让原有的色彩更美，效果显得强烈而活泼。协调就是把相异的色彩按美的规律组合到一起，使之产生秩序和韵律。无论对比的颜色还是协调的颜色，只要我们找到它们之间微妙的对比关系规律，我们就能搭配出既对比又协调的配色来。这需要我们培养对色彩的感知能力，提高驾驭色彩美感的艺术修养。下面我们来了解一下基本的色彩搭配原则。

### 1. 同类色搭配

同类色是指深浅、明暗不同的两种同一类颜色相配，如青配天蓝、墨绿配浅绿、咖啡配米色、深红配浅红等。同类色配合的服装显得柔和文雅，给人安静的感受。例如，粉红色系中不同深浅、明暗的粉搭配在一起时，会让整个人看上去非常柔和，给人留下甜美、年轻、文静、温馨的印象。

### 2. 近似色搭配

近似色是指两个比较接近的颜色的搭配，如红色与橙红或紫红相配，黄色与草绿色或橙黄色搭配等。例如，绿色和嫩黄色搭配，给人以春天的感觉，非常安静素雅，有一股淑女的恬静味道。

### 3. 对比色搭配

对比色是指两个颜色的配合形成鲜明的对比，如红色与绿色、蓝色与橙色、黑色与白色。对比有两种，一是色彩对比，二是明度对比。服饰上用得比较多的是明度对比，即一个深颜色与一个浅颜色的色彩进行搭配。两个颜色之间的对比大时，凸显张扬、个性的印象，反之则显得内敛。对比搭配需要考虑肤色、个性与场合。这是所有配色技巧中比较难的一种搭配方法。在对比色中，有两种颜色的搭配是永远的经典，也是最保险的搭配，怎么搭配都不会错，这就是黑色与白色。

### 4. 无彩色的搭配

在日常生活中，黑、白、灰为无彩色系，我们常看到的是黑、白、灰与其他颜色的搭配。它们无论与哪种颜色搭配，都不会出现大问题。一般来说，有彩色与白色搭配时，会显得明亮；有彩色与黑色搭配时就显得昏暗。因此在进行服饰色彩搭配时应先衡量一下，你想突出哪个部分的衣饰。例如，在对黑色进行搭配时，不要把深沉的色彩与黑色搭配，如不要把深褐色、深紫色与黑色搭配，它们会和黑色造成抢色的后果，令整套服装没有重点，而且服装的整体也会显得很沉重、昏暗无色，给人留下没有精神、病态的印象。

**（三）服饰搭配中的色彩搭配**

将色彩搭配运用到服饰中，除了要遵循色彩的搭配原则，还要让服装整体协调。

### 1. 不同色彩搭配传递出不同印象

上深下浅的搭配，给人端庄、大方、恬静、严肃的感受。上浅下深的着装，给人明快、活泼、开朗、自信的感受。

如果要突出某一件服装单品时，如突出上衣时，我们可以让下装颜色比上衣略深；突出下装时，下装颜色要比上衣略浅。

如果上装为杂色，下装应穿纯色，当裤装是杂色时，上衣也应避开杂色，以免形成花色杂乱没有重点的错误搭配。内外两件套穿着时，色彩最好是同色系或反差大的，这样搭配起来会更有味道。

鞋子的颜色要与衣服的色彩相协调。如果上装为深色，下装为浅色时，鞋子的颜色应起到平衡的作用，如果选用浅色系鞋子，会让整个搭配头重脚轻，一定要搭配一双深色的鞋子才会平衡。

### 2. 上下、内外的动静要和谐

有花纹图案的服装或颜色艳丽的服装比较动感，相对来看纯色的服装或冷色调的服装要显得安静。在对动感强的衣服进行搭配时，要考虑动静搭配，过于动的搭配给人以活泼、热闹、年轻的感觉，但也有不稳重、不成熟、凌乱的印象。在日常的穿着搭配中，我们需要注意这样的搭配方式：选择上衣有横向花纹时，裤装不能穿竖条纹或格子；如果上衣为竖纹花型时，裤装应避开横条纹或格子纹理；有图案的上衣不要配有相同图案的衬衣和领带；有条纹或者花纹的上衣需配素色的裤子；上衣花型较大或复杂时，应穿纯色下装。同理，如果内搭是花色，外套通常选择素色的；如果外套是花色，内搭一定要选择素色的。

### 3. 无彩色的搭配原则

黑、白、灰是无彩色，黑色与白色是非常保险的搭配，不会出现不协调、不平衡的情况，是最简单的色彩搭配方法。灰色有明度和纯度的区别，所以在搭配时也要与接近面部的皮肤色协调。无彩色与有彩色及纯度高的色彩搭配在一起时，会加强或减弱色彩的冷暖感觉，如与黑色

学习笔记

接近的所有暖色都会显得更暖，但是冷色接近黑色后会失去光泽；与白色接近的冷色会显得更冷，而暖色接近白色时也变得不那么暖了。灰色接近蓝色会有暖的倾向，而灰色接近橙色会有冷的倾向。

总之，色彩搭配的最终目的是让整体的颜色和谐、平衡。否则，就会给人留下杂乱无章、毫无品质感、审美能力不强的印象。

### 三、不同体型人的服装款式选择

服装款式的选择要结合自己的身材特征。人的体型的分类方法很多，我们把人的体型分为梨型、倒三角型、直线型、圆润型、凹凸型五种。下面我们来了解一下每种体型的特点。

#### 1. 梨型身材

梨型身材的特点是上小下大，肩部窄，腰部粗，臀部大。梨型身材的人在选择上衣时，最好使用垫肩，使上下身比例保持均衡。为了避免扩大下身的效果，最好不要选用紧身上衣、宽皮带、大圆裙、宽裤腿等服装款型。梨型身材适合的款式是上长下短，不加皮带的外套、连衣裙或梯型线条的瘦长直筒裙等。胸部以上用略浅淡或鲜艳的颜色，使视线忽略下半身。注意上半身和下半身的用色对比不宜强烈。

#### 2. 倒三角型身材

倒三角型身材的特点是宽肩窄臀。倒三角型的身材适合穿各类服装，但需注意不要使用垫肩，以免上身显得魁梧。上装的色彩要简单，在腰部周围可以运用对比色与上半身形成对比，来强调纤细的腰部。上半身用色要回避鲜艳或对比过于强烈的颜色。

#### 3. 直线型身材

直线型身材通常显得瘦高。直线型身材应避免穿露颈部较多的低领口的衣服。直线型身材的人适合的款式是轻飘有动感的服装类型，如横条纹、浅颜色、杂色的服装等。多使用明亮或浅淡的颜色，进行对比色搭配。注意不宜使用深色、暗色的服饰。

#### 4. 圆润型身材

圆润型身材的特点是肩部窄，腰部和臀部圆润。领口部位适宜用明亮鲜艳的颜色，身上的颜色要偏稳重，最好穿一种颜色、纵向切割的颜色或渐变的颜色。

### 5. 凹凸型身材

凹凸型身材的特点是隆胸蜂腰。适合穿合体的套装和束皮带的衫、裙。不宜穿宽松的罩衫，避免掩盖纤腰。

## 单元3　西服套装的穿法及配饰的选择

西服套装是世界公认的正式度最高的服装，在参加严肃、重要的正式场合时着西服套装已成为约定俗成的惯例，即国际惯例。商务西服正装是指出席正式场合时穿着的，同质、同色、同款的上衣与西裤组成的西服两件套。什么是正式场合呢？正式场合是指严肃、严谨、庄重的活动，如国际会议、官方交流活动、政务活动、商务谈判、商务会议等。出席这类场合，男士着西服套装（图2-3）、女士着西服套裙（图2-4）为规范。当我们受邀参加婚礼、庆典、颁奖晚会、大型宴会等高级别且隆重的社交活动时，应根据邀请函的要求穿着。如果活动对着装没有要求，那么男士着西服套装、女士着具有一定设计感或者华丽的裙装被视为对举办方的尊重与重视，是个人素养、审美与品味的体现。幼儿园教师同样需要掌握西服套装的穿法，在参加严肃的场合活动，如党团选举、重要集体会议、接待重要领导或到访者时穿着。掌握正装的着装规范，是幼儿园教师的基本素养，也是所有人必不可少的着装知识。

图 2-3

图 2-4

### 一、风度翩翩展英姿的职场男装

#### （一）正装穿起来，风度展出来

男士正装指适用于正式场合的装束，是有别于娱乐和居家环境的装束。在西方国家，男士正装包括小礼服（西装、塔士多礼服）和大礼服（燕尾服）。在中国，正装可以是西装，也可以是民族服装或中山装。2014 年 APEC（Asia-Pacific Economic Cooperation，亚洲太平洋经济合作组织）会议上政府首脑身着改良唐装出席，体现了我国正装的变革。

#### 1. 正装穿着的基本常识

##### （1）三色原则

三色原则是指人们在正式场合穿着西服套装时，全身衣着的颜色应当控制在三种以内，突出正装简洁、规范的整体印象。

学习笔记

**（2）三一定律**

三一定律是指穿搭西服套装时，皮鞋、袜子、公文包应为同一颜色。黑色最佳，也可选择棕色。

**（3）三个细节**

衬衫、领带与皮鞋的选择与搭配是西服套装搭配的三个细节。衬衫的颜色与领带的搭配决定着整体风格。在正式度高的活动中，白色衬衫为佳。领带可以选择理性色，如深蓝色或有不明显格纹等底纹的领带。哑光材质的皮鞋低调且沉稳，虽然三接头的系带皮鞋被称为最正式的搭配，但是现在"一脚蹬"式的男士皮鞋也逐渐被人们接受，出现于正式的活动场合。

**2. 正装衬衫的相关常识**

由于衬衫款式众多，如果你拿不准穿什么款式，本书的建议是隆重远比随便好，正式远比潇洒好。正式衬衫比休闲衬衫好，素色衬衫比花色衬衫好。

**（1）长袖与短袖**

通常，长袖衬衫更正式；短袖衬衫等同于休闲服装，穿着时要区分场合，在正式场合一般不穿短袖衬衫。

**（2）颜色**

建议选择一件白色或浅蓝色的衬衫。年轻人可以试试异色领衬衫，异色领衬衫本身带有颜色或条纹，但领子和袖扣多为白色。这个选择，可以为整体着装增添一层颜色，显得有朝气。（图2-5）

**（3）大小**

肩宽一定要合适，再看颈围，系上领扣的衬衫，如果能在脖子和衣领之间插进一个手指，说明这件衬衫很合适；如果可以插进两个手指，说明这件衬衫勉强可以接受；如果可以插进三个手指，说明这件衬衫不适合你的颈围，打上领带的效果也不会好；如果穿上衬衫后扣不上领扣或者勉强扣上后勒得较紧，那么就代表这件衬衫过小。

**（4）领型**

衬衫的款式是由领型和袖口的设计构成的。领型的种类有尖角领、温莎领、暗扣领、异色领、伊顿领、立领、翼型领等。这些领型搭配西服套装时可以呈现出不同的风格。我们可以根据自己的喜好、脸

图2-5

型、出席的场合来选择衬衣的领型。但是在考虑领型的正式度时，为安全起见我们最好选择适用场合较多的领型，即两个领角之间的角度在 $90°\sim120°$。

(5) 袖口

衬衫的袖口有很多不同的设计，如单扣、双扣、单袖、双层袖、圆袖口。穿着衬衫时还需要注意以下几方面。

穿西装不系领带时，衬衫领口处的一粒纽扣不能扣上，而门襟上的纽扣必须全部扣上，否则就会显得过于随便、缺乏修养。

当衬衫搭配领带穿着时，必须将领扣、门襟扣和袖扣全部扣上，以凸显男士的阳刚和干练。

衬衫忌放在裤腰之外，容易给人不伦不类、不修边幅的感觉。

衬衫的下摆要均匀、平整地塞进裤腰内，使人显得精神抖擞、充满自信。

### 3. 正装领带的相关常识

领带材质：最好是真丝的。廉价的化纤领带并不能提升我们的形象，皮质的领带过于时尚，不适合在工作场合佩戴，棉布、麻料、羊毛、皮革、塑料、纸张、珍珠等制作的领带，大多不适合在正式场合使用。记住，领带的材质体现我们的修养和品位。

领带颜色与图案：推荐素色领带，也可以带一些典雅的暗花图案。年轻人选择斜纹领带会让人感觉严肃、沉闷，太有年龄感；选择卡通图案，让人感觉幼稚而轻佻。

领带的宽度：领带的宽度要与西装领的宽度协调，与自己身体的宽度成正比，不要反差过大。

领带的长度：通常根据个人的身体比例，以大箭头触及皮带扣为佳，以不超过皮带扣为限，领带太短似空中楼阁，且易显肚子，太长则给人重心不稳的感觉。

### 4. 正装皮鞋相关常识

通常选择硬底、光面、黑色或深咖啡色、系带皮鞋，鞋头不宜过尖，鞋面最好无花纹或装饰。布鞋、运动鞋、拖鞋是不能搭配正装的。专门的西装裤长度要到达小腿肚，无论落座还是动作幅度过大时都不会露出小腿。

学习笔记

🔗 相 关 链 接

穿西装的四大误区。

误区一：穿着短袖衬衫打领带。领带素有"西装的灵魂"之称。穿西装时，不打领带往往会使西装黯然失色。但是，如果夏天穿着短袖衬衫时，则不必打领带。因为短袖衬衫属于休闲装，如果确实要打领带，正装衬衫必须是长袖衬衫，且衬衫袖口一定要扣上。不戴领带时可把衬衫领口的扣子解开。在签字仪式上，不管天气多热，男士们都应该西装革履，这既表示尊重对方、真诚合作，又体现自己端庄、大方的职业形象。在我国，也有将短袖衬衫作为工作装穿着的情况，此时就应该按照公司或行业规定，把短袖衬衫的领口系好，系好领带。

误区二：使用领带夹。时尚人士一般是不用带领带夹的。因为使用领带夹具有很强的地区色彩，不是国际通行惯例。穿西服的时候只有两种人用领带夹。第一种是穿制服的人，如警察、军人。他们的领带夹是统一制作的，有一定的标志，属于企业形象可识别系统，通过领带夹就知道他们从事何种职业。第二种一般是商务人士。他们的应酬相对较多，使用领带夹可以很好地固定领带，便于文明就餐，非常实用。可见，领带夹并非人人都要用，也不是穿正装就必须用。如果要使用领带夹，一定要注意领带夹的位置，通常夹在衬衫的第四、第五粒纽扣之间。

误区三：所有扣子都扣上。西装扣的系法在国际惯例中有着约定俗成的规矩：入座前，需要将西装上衣纽扣全部解开，以免西装产生褶皱；起立时，第一时间扣好纽扣。在正式场合，穿单排扣西装时，一粒扣西装的扣子，一定要完全扣好；两粒扣西装只扣上面一粒，第二粒不扣；三粒扣及以上的西装，总是扣中间一粒，有时也扣上面一粒，最下面一粒不扣。穿双排扣西装站着时，一般应将纽扣都扣上；当坐下时，最下面的一粒纽扣以松开为宜，避免弄皱衣服的料子，但再站起来时记得把它重新扣好。有人认为，在一些非正式场合，也可以不扣纽扣，这样显得潇洒。事实上，这是不符合我国传统礼仪的。《弟子规》中要求"冠必正，纽必结，袜与履，俱紧切"，敞开的衣襟传达的信息是你的随意与随便，显然这与幼儿园教师的形象是背道而驰的。

误区四：西装口袋塞满杂物。有的男士在西装的衣袋或西裤口袋塞满钱包、钥匙、手机、零钱等物品，这不仅有损优雅的形象，而且容易导致西服变形。西装的衣袋和裤袋不宜放东西，如果非要放东西，左侧内胸袋可以放置一些薄的名片，其他随身携带的物品可以选一个质地不错的皮质包来放置。另外，切忌在西装的左胸外面口袋，插钢笔或放置其他物品，因为这个口袋是用来插装饰性手帕的，没有实用功能，仅起装饰作用。

资料来源　肖胜阳.中职生职业素养能力训练［M］.北京：高等教育出版社，2013.

## （二）便装不随便

### 1.便装的范畴

便装是相对正装而言的，是在服装款式、色彩的选择上较正装的正式度低一些的服装，但出现在工作场合的便装仍然属于正式着装的范畴。这类便装的最大特点是，既保持了白领人士的形象，又具有一定的舒适性和随意性。这类便装的基本单品包括外套、针织套衫、长短袖衬衫、有领 T 恤、卡其布灯芯绒等面料的长裤等。它们通过不同搭配组合出一衣多变的效果。如今，便装尤其是商务便装已成为一种崭新的职场时尚趋势。对于幼儿园教师来说，商务便装更适合行政岗位的男教师。当然女教师也需要掌握商务便装的搭配方法。

### 2. 商务便装的穿衣法则

商务便装是让人轻松的穿着。商务便装要突出和围绕尊重和信任这两个关键词。商务便装不等于休闲便装，不是随便穿什么都可以，而是有一套基础法则的。

法则一：不必太正式。不必穿整套正式西装，可以穿单件的半休闲西装，配其他色调和面料的裤子，这样不但没有那么呆板，还会带来几分亲和力。领带可系可不系，衬衫、皮鞋也不必像正装那样要求，但色彩搭配很关键。例如，可以穿淡黄色、粉绿色、粉红、粉紫、灰色等颜色的衬衫，可以考虑黑色、蓝色、棕咖及灰色的商务便鞋。皮带可选择软牛皮、有图案的皮带。商务便服的穿着应讲究和谐统一，切忌上身传统、下身休闲。

法则二：不宜太随意。男士不宜穿着背心、短裤（膝盖以上或七分裤）、四袋以上裤装、紧身装或过于松垮的外套，严禁服装上有攻击性语言、恐怖图案或超大型印刷广告等，严禁穿凉拖鞋、人字拖等随意的服装。这些服饰不但无法展示自己专业、智慧与敬业的形象，反而会令个人形象、单位形象受到负面影响。

法则三：衬衣、T 恤的下摆要束起来。衬衣、T 恤的下摆随意地松散在外面，给人的感受是过于随意的、不精神的，甚至是颓废的。将下摆均匀束进裤装，显得更正式。另外，男士的无领 T 恤、无袖 T 恤或带有花纹图案的短袖衬衫皆不适合在正式场合穿着。

法则四：避免穿破旧牛仔装。牛仔装属于休闲装，不适合在较正式的场合穿着。尤其是带有朋克风格的破洞牛仔裤，更不能在正式场合穿着。

最后，最好在办公室里准备一套比较正式的西装，以便从容面对重要的来访，在一些正式的宴会、招待会等礼仪场合，仍以穿西装为宜。

学习笔记

综上所述，幼儿园男教师只要掌握前面提到的几个要点，就能轻轻松松地展现自己的风度。

## 二、职场女装，大方优雅显知性

### （一）正装穿起来，优雅显出来

#### 1. 女士正装的范畴

对于统一定制服装的单位来说，制服就是正式的职业装。幼儿园教师的工作装就是园服。同时，幼儿园教师还需要掌握分场合着装的技巧，在出席一些正式场合时需要着正装。所谓女士正装，是指适合职业女性在正式场合穿着的职业装，可以是民族服装或西式套装。西式套装一般分为两类：套裙和套裤。通常，套裙比套裤的正式程度更高。

##### （1）西服套裙的选择

裙装的上装，以深色为宜，对西装袖口和衬衫袖口的尺寸比例没有过多的要求。女士除搭配传统款式的衬衫以外，也可以选择无领衬衫或其他领型的衬衫，如圆领角衬衫、立领型衬衫、异色领型衬衫、系带型衬衫等。一般情况下，衬衫可以是纯色的，也可以是花色的，但不要太鲜艳，以淡雅为佳。裙子则以合体的窄裙为主。

裙子可根据年龄来选择适合的长度。一般认为，裙短不雅，裙长无神。年轻女性的裙子下摆可在膝盖以上 10 cm 以内，不宜过短；中老年女性的裙子可以在膝盖以下 10 cm 左右。幼儿园女教师不宜穿着真皮或仿皮的套裙或短裙。

##### （2）西服套裤的选择

不喜欢穿套裙的女教师，可以选择裤装，这也是白领着装的主流选择。但是，在选择长裤时，建议选择直筒裤或微喇裤，臀部和裤管要稍宽松，不能像牛仔裤一样紧贴在身上。

#### 2. 职场着装的四讲究

##### （1）整洁平整

一套在正式场合穿着的套裙并不一定要追求名牌，但必须保持清洁、熨烫平整。这样穿起来才能大方得体，显得精神焕发。而一件起皱的衬衫或一条皱巴巴的裙子，会让人怀疑你的专业性与办事能力。因此，整洁并不完全是为了自己，更是尊重他人的需要，这是良好仪表的第一要素。

学习笔记

**（2）色彩技巧**

不同的色彩会带给人不同的感受，如深色或冷色调的服装让人产生视觉上的收缩感，显得庄重严肃。而浅色或暖色调的服装会有扩张感，显得轻松活泼。因此，我们可以根据不同的需要进行选择和搭配。例如，要出席正式会议，我们就要穿上深色或冷色调的服装，以显得庄重、严肃。开家长会时，浅色或暖色调的服装是适宜的选择，显得更有亲和力。

**（3）配套齐全**

除了主体衣服之外，鞋袜的搭配也要多加考究，如袜子以透明近似肤色或与服装颜色协调为宜，一般不穿黑色丝袜或蕾丝丝袜。长度应以不露出腿部皮肤为宜。参加正式严肃的场合或活动时，我们可选择肉色或灰色的连裤袜。正式、庄重的场合不宜穿凉鞋或靴子。黑色中跟皮鞋适用面最广，可以和任何服装搭配。

**（4）饰物点缀**

巧妙地佩戴饰品能够起到画龙点睛的作用，但是佩戴的饰品不宜过多，在一般场合，身上的饰物不要超过三种，且每种不要多于两件，否则会分散对方的注意力。幼儿园教师一般不佩戴饰品。在出席一些场合需要佩戴饰品时，应该遵循以下原则。

①应尽量选择同一色系。比如，选择了黄金项链，其他与之相配的首饰，如戒指、耳环也应该是黄金质地的。

②佩戴饰物的款式应该一致。比如，耳环是纯金的，项链是白色珍珠的，戒指是镶嵌宝石的。这三种首饰款式各异，同时出现在一个人的身上就显得很不和谐。

③饰物应与环境相协调。不同季节选择不同的首饰。比如，夏季可佩戴色彩鲜艳的工艺制品，以体现夏日的浪漫；冬季可选择宝石、金银等饰品，以显得高雅和清纯。工作场合，要选择淡雅简朴的首饰，如珍珠、白金首饰。参加晚宴时，则要选择华贵亮丽的首饰，如钻石等首饰。

④饰物应与服装相协调。艳丽的服装应以淡雅的首饰相配，甚至可以不佩戴首饰。浓重单色的服装应该与色彩明亮、精巧的首饰相配。丝巾和胸针搭配职业套装可以增添一些色彩，令我们的形象变得柔和一些。

学习笔记

⑤饰物应与相貌相协调。饰品要与自己的体型、脸型、发型、年龄等相协调，这样就可以利用饰物来掩饰自己的不足。比如，脖子较长的人，不要佩戴太长的项链；脸型较短的人，选择垂形的耳饰比较好；年龄较长的女性，则要选择比较精致的饰品；年轻的女性则可以尝试各类材质的饰品，突出个性与青春活力。

### 3.女教师正式场合着装的六忌

#### （1）一忌过分杂乱

不按照正式场合的规范化要求着装，易给人留下不良印象，如光着脚不穿袜子，不够端庄、正式；在重要场合穿套裙时，不穿长筒连裤连脚丝袜，出现"三截腿"等。

#### （2）二忌过分鲜艳

参加正式场合时的着装颜色太繁杂，过分耀眼。不管穿制服还是套装，都需要遵守三色原则，女教师身上的颜色除黑、白、灰外，其他颜色不要超过三种。重要场合穿着的套装应尽量没有图案，以淡雅为佳。服装上的文字、质地、设计感都要与场合相协调，尤其是印有字或卡通图案的衣服，更要慎重选择，否则会使人看起来不够稳重，不懂礼貌。

#### （3）三忌过分暴露

在工作场合不要暴露胸部、肩部、腰部、背部、脚趾、脚跟，此所谓"工作场合六不露"。不能穿无袖装，无袖装显得不够正式。

#### （4）忌过分透视

在正式场合中着装过分透明就会有失对别人的尊重。在重要场合注意不能让别人透过外衣看出内衣的颜色、款式等，否则有失礼貌。还要注意内衣的肩带不要露出外衣。

#### （5）忌过分短小

过短的服装如超短裤、露脐装、露肩装等服饰，在日常的工作场合等正式场合是不能穿着的。否则有失庄重，也是不尊重自己和他人的表现。

#### （6）忌过分紧身

在正式场合不可以穿过分紧身的衣服，否则会突出身体的轮廓，这样的穿着不符合正式场合的庄重、严肃。

学习笔记

**（二）职业便装不随便**

### 1. 女教师职业便装的范畴

职业便装是相对于正装而言的，它较为随意一些，不必是整套制服或套装裙，可以是直筒、微喇叭宽脚裤装，也可以是连身裙配夹克或针织外套；可以是针织布料上装配半身裙，也可以是棉质外套配衬衣、直筒裙或长裤配平底鞋。这些装扮比较适合幼儿园行政岗位的女教师。

### 2. 女士职业便装的穿衣法则

#### （1）不宜穿得太暴露

职业便装不随便，在工作时间女教师应避免穿着薄、透、露、过分短小、奇异、过分时尚的服装。例如，吊带装、露背装、短上衣、若隐若现的透明装或薄纱衣服等服装不但无法体现应有的专业、智慧与敬业，更加不符合幼儿园教师的职业形象要求。

#### （2）衣服要有质感，不要起皱褶

提早想好明天要穿的衣服，并抽出时间来熨平，让每一件出现在工作场合中的衣服都服服帖帖、干净利落。

#### （3）鞋子要搭配衣服

露脚跟的凉拖鞋，会将职业便装沦为"随便装"，其实我们只要选择质量好的中性色皮鞋，就能让穿着轻便又不失端庄。

综上所述，在女教师应对职场着装时这些服饰礼仪规则比较适用。只要掌握前面提到的几个要点，尊重学校文化，使个人的服装与工作环境、身份、职务达到和谐统一，女教师就能显示出自己端庄、大方的职业形象。

## 三、商务着装的分级界定

男士正装是由同质、同色、同款单品组合而成的，如果我们将其中的单品替换成其他不同的款式、色彩、图案、面料、配饰时，服装的正式度就出现了变化，这样的西服套装搭配称为商务休闲装。那么，不同的搭配在正式度上会表现出怎样的不同，我们该如何选择呢？著名礼仪培训专家吕艳芝老师根据场合正式度的高低，将商务休闲着装分为三个品级，为大家参加不同的商务场合的着装搭配提供参考。

服装的正式度级别是由服装的款式、面料、色彩、图案、配饰决定的，男士商务正装与女士商务正装是由休闲元素取代了正装元素的多少

来进行品级界定的。我们把商务休闲装分为三个品级。

### （一）男士商务休闲装的三个品级

在男士正装的基础上，若一个休闲元素取代了一个正装元素时，为一品级商务休闲装，如图 2-6 中因缺少了领带，所以这一套服装为一品级商务休闲装。若有两个休闲元素取代了两个正装元素时，为二品级商务休闲装。如图 2-7 中因领带和西裤的颜色发生了变化，所以这一套为二品级商务休闲装。若有三个休闲元素取代了三个正装元素时，为三品级商务休闲装。如图 2-8 这套服装中的领带、西裤、衬衣三个正装元素被三个休闲元素所取代，那么这套服装为三品级商务休闲装。若有四个休闲元素取代了四个正装元素时，为休闲装。（图2-9）

　图2-6　　　　　图2-7　　　　　·图2-8　　　　　图2-9

### （二）女士商务休闲装的三个品级

女士商务休闲装的品级分类与男士商务休闲装品级分类方法相同，即在女士正装搭配（图 2-10）的基础上由休闲元素取代正装元素的多少来决定所属品级。一品级女士商务休闲装是由一个休闲元素取代一个正装原素，如图 2-11 上衣的袖长变短，这一套女士套装为一品级商务休闲装。二品级女士商务休闲装是由两个休闲元素取代两个正装元素。如图 2-12 和图 2-13 所示，上衣为非标准款型的西装，下装搭配长裤或其他颜色、款式的裙子时为二品级商务休闲装。若有三个休闲元素取代三个正装元素时，为三品级女士商务休闲装。如图 2-14 中上衣、下装、内搭的颜色、长短和材质发生变化，这一套服装则为三品级商务休闲装。

图 2-10　　　图 2-11　　　图 2-12　　　图 2-13　　　图 2-14

学习笔记

　　以上介绍的男士和女士商务着装分级标准，值得注意的是，商务着装的搭配，整体效果仍是西服套装风格，不适合于幼儿园一线教师入班工作时穿着。但当被外派参加重要会议、活动、演讲、展示、社交活动时，这类着装既可以体现教师对活动的重视度，又可以提升幼儿园教师的职业形象和精神面貌。

## 拓展学习

### 幼儿园教师着装背后的 ABC

　　服装，最初的功能在于遮身蔽体，尔后演变成一张能体现民族文化特色乃至价值观的名片，它也从一个角度揭示了人类文明的进步史。在日常生活中，我们往往可以通过服装看出一个人的性格和思维情感特点。

　　幼儿园教师每天要面对幼儿及其家长，因此幼儿园教师的着装颇引人注目。那么怎样的着装才是合适的呢？

　　很多幼儿园在日常教学活动中让教师穿上便于活动的、色彩鲜艳的运动型园服，而在较正式的场合让教师穿上西装套裙园服，从而使教师展现出良好的精神面貌。但有些幼儿园对教师的着装问题还没有给予足够的重视，教师想穿什么就穿什么。下面将对日本幼儿园教师的着装进行分析，以透视幼儿园教师着装背后的 A（情感）、B（行为）、C（认知）。

#### 一、着装背后的 A（Affection 情感）

　　时下年轻女性流行穿超短裙和超短裤，然而在工作场合组织幼儿活动时也如此着装，就显得不大合适。幼儿园教师如此着装背后的情感，显示了自己的时尚、年轻并由此获得了自我满足，但没有

考虑工作的要求及幼儿的需要。

## 二、着装背后的 B(Behavior 行为)

我曾走访过日本的许多幼儿园，发现教师基本上都穿围裙、运动裤和运动鞋。为什么日本的幼儿园教师都穿这样的服装呢？

在日本，幼儿园的日常保教活动中至少有 3/5 的时间是沙坑游戏、游泳之类的户外运动。如果教师穿着超短裤或超短裙，其保育和教育工作是无法正常开展的。显然，日本幼儿园教师的着装出于职业的需要和对幼儿教育的需要。幼儿园教师着装的背后是职业行为要求。

## 三、着装背后的 C(Cognition 认知)

幼儿园教师如果认为自己工作的核心内容是"教"幼儿各科知识，"授"幼儿琴棋书画之类的技能，那么，在工作中穿上时尚漂亮的服装乃至穿上高跟鞋自然也就顺理成章。

日本的幼儿园教师将自己的职业定义为"服务者"和"看护者"。究其原因，或许还跟日本早先对幼儿园教师的职业定位有关。在日本，幼儿园教师曾长期被称为"保姆"，更名为"保育士"（日语中的"保育"与汉语中的"保教"同义）也只有十多年的历史。为了适应自己的职业需要，工作时穿上朴素的"劳动服"便成为日本幼儿园教师的共识。他们常常笑称自己在一年的工作时间里只有两次着正装的机会：3月31日的毕业典礼和4月1日的开学典礼。

幼儿园教师的着装看似个人行为，实际上却蕴含着职业情感、职业行为和职业认知三方面的意义，因此并非小事，需引起我们足够的重视。我们有必要重视工作着装，学会分场合着装，为幼儿教育事业锦上添花。

资料来源　周念丽.幼儿园教师着装背后的 ABC〔J〕.幼儿教育（教师版），2012（4）.

## 情景演练

假设你明天要进行一节教学公开课，请你根据自己的肤色、体型选择合适的服装。

## 思考与练习

1. 如果你受邀参加一场大型幼儿园教师工作研讨会，请为自己挑选一套合适的服装。
2. 如果你要担任六一儿童节晚会的节目主持人，请为自己挑选一套合适的服装。
3. 如果你受邀参加朋友的生日聚会，请为自己挑选一套合适的服装。

## 学习反思

# 模块三　幼儿园教师的仪态礼仪

## 学习目标

1. 理解幼儿园教师仪态礼仪的重要性。

2. 理解学习仪态礼仪的重要性。

3. 掌握仪态礼仪中常用的站姿、坐姿、行姿、蹲姿等基本体态及物品递送手势、常用接待引领基本手势。

4. 能够在工作实践中自如运用仪态礼仪。

## 学习重点与难点

◆ 学习重点

了解工作场合中的常用仪态的种类及其特点，理解学习仪态礼仪的重要性。

◆ 学习难点

掌握仪态动作要领及练习方法，学会在工作生活中使用适宜的仪态，更好地展示幼儿园教师风采。

## ？ 我的问题

"幼儿园教师每天都会等候、接待、迎送学生入园、离园，有时也需要接待家长。每当这时，我就感觉手足无措。我没有学习过规范的仪态礼仪，不知道在引领客人参观时如何正确运用手势。这些问题一直困扰着我，我希望通过学习仪态礼仪，优化个人仪态举止，成为一名有"魅力"的幼儿园老师。

## 单元1  幼儿园教师常用站姿

人们常用"挺拔舒展""亭亭玉立""傲然屹立"等词形容一个人的仪态美。爱美之心人皆有之，人们对美的要求越来越高。体态美是个人形象塑造中的一个重要部分，而站姿是最基础的体态动作。站姿可以体现一个人的精气神，幼儿园教师在迎接幼儿入园、送幼儿离园、教学活动等环节，教师积极的、愉悦的、充满爱心的站姿可以传递出教师专业的、敬业的精神，这正是一名幼儿园教师应该具备的基本素质。

### 一、基本站姿规范

站立体现的是一种静态美，是仪态美的基础。《礼记》中说："立勿跛。"跛，就是一脚高、一脚低的意思，这句话就是说，我们站立的时候不能两侧失衡、重心偏移，因为这不雅观。

站姿是一切姿态的基础，其他姿势是在站姿的基础上变化而来。站姿的要领由五个步骤组成。第一步，头部规范：头正，眼睛平视前方，下巴微收，面部肌肉放松，嘴角微微上扬。第二步，肩颈部规范：挺胸抬头，双肩向后打开并自然放松下沉，脖颈向上拉伸。第三步，双臂规范：双臂自然下垂或两手搭放于体前，在两臂下垂时要使双手中指放于裤缝或裙缝处，手指自然弯曲。第四步，腰腹臀部规范：做深呼吸状，立腰，收紧腹部肌肉，提臀。第五步，下肢规范：双腿绷直、膝盖内侧夹紧，双脚脚跟并拢，脚尖打开呈小 V 字形，两脚尖之间有一个拳头的距离，大概 30°，女教师也可以保持双脚并拢（图 3-1）。要经常检查自己的站姿是否符合上述要领，及时纠正不良的姿态，保持正确的站姿。

### 二、常用站姿的动作要领

站立是最常用的姿态，在幼儿园工作中，无论是入园、离园等环节，还是日常的教学、保育活动，对站立的姿态有不同的要求。手位和脚位的变化，形成了不同的站姿。

#### （一）站姿中的手位变化

##### 1. 女士手位的变化

①前搭式手位：可以将双手相叠（右手在外，左手在内）后自然垂放于腹部。具体做法是：将右手的四指并拢，自然搭放于左手手指上，

图 3-1

扫码观看
女士站姿手位
教学视频

并使右手食指置于左手指根处。双手拇指交叉放于手心。（图 3-2 ）

②仪式手位：在前搭式手位的基础上，将双手上提，并使双手拇指的交叉处置于肚脐处。两大臂向后略收至与上体在一个平面上。（图 3-3 ）

### 2. 男士手位的变化

①前搭式手位：右手握虚拳垂放于腹前，左手手掌轻搭于右手手背接近指关节处，左手掌缘在右手指根处，大拇指在外，轻贴四指。（图 3-4 ）

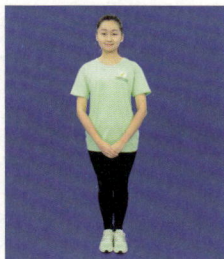

图 3-2　　　　　　图 3-3　　　　　　　　图 3-4

扫码观看
男士站姿手位
教学视频

②后搭式手位：右手握虚拳置于身后尾骨处，左手手掌轻握右手手背，手肘微向后打开。此手位常作为礼宾式手位使用，因过于隆重、威严，不适合在幼儿园工作场合使用。

### （二）站姿中的脚位变化

#### 1. 女士脚位的变化

①平行脚位：平行脚位是要将双脚的内侧靠拢在一起。（图 3-5 ）

② V 型脚位：脚后跟并拢，前脚尖分开 30°。这样的脚位显得有分寸，适合在大多数场合使用。（图 3-6 ）

③丁字脚位：将一只脚朝向正前方，另一只脚的足弓放于这只脚的脚后跟处，两只脚打开 30°，便形成了丁字脚位。这种脚位多与仪式手位搭配，在较为隆重的礼仪、迎宾场合使用，搭配正式、隆重的服饰。（图 3-7 ）

扫码观看
女士站姿脚位
教学视频

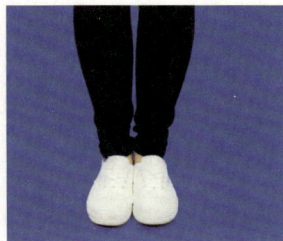

图 3-5　　　　　　　图 3-6　　　　　　　图 3-7

### 2. 男士脚位的变化

① V 型脚位：将两只脚的脚后跟并拢，再将两脚掌打开形成 30°，便形成了 V 型脚位。这种脚位给人庄重、认真的良好印象，并能体现出对他人的尊重。

② 平行脚位：将双脚自然打开，宽度不要大于双肩，便形成了平行脚位。

## 三、工作场合的站姿选择

不同的脚位和手位的搭配，形成了不同风格的站姿，根据幼儿园的工作场合需要，我们可以使用以下几种组合。

仪式场合。在迎接领导、家长参观时的迎宾工作中，可选择仪式站姿，女士为仪式手位和丁字形脚位或标准脚位。男士为前搭式手位和平行式脚位。

入园、离园等具有仪式感的活动环节，女士站姿可选择前搭式手位、标准脚位或 V 字形脚位。男士站姿为前搭式手位、V 字型脚位（30°）。

在其他保教环节中，如教学活动、就餐环节、户外活动环节，站立的姿态可自行选择，但是教师需要注意的是避免不雅站姿。

## 四、站姿及注意事项

第一，女士不能两腿分开站立，尤其穿裙装时，两腿分开很不雅。男士站立时如果脚分开，分开距离不要超过肩宽。

第二，不能随便倚靠他物。走哪儿靠哪儿，斜倚在其他物体上，显得散漫，没精打采，有气无力。

第三，不能将两手臂怀抱在胸前，这样的体态传达的信息是拒绝或自我保护。

第四，不能抖腿或者随意晃动身体，这些动作让人感觉像极不耐烦的烦躁状态。

第五，不能低头塌腰，屈膝弓背。

以上是我们对于站姿外在要素的理解，强调的是人体外在的站立要求。练习站姿，首先要在精神上锤炼自己，其次才是外在形态的标准化。因为外在形态仅仅是"仪"的部分，我们需要先从内心坚定做人的根本，这样才能获得内外兼修的气质。

相关链接

　　著名历史学家钱穆先生在《师友杂忆》中写道，他早年在江苏的一所学校教书时，遇到一位教学非常有特色的教师——刘伯能。刘伯能老师对学生的站姿的要求如下。

　　他在操场呼立正，即曰：须白刃交于前，泰山崩于后，亦凛然不动，始得为立正。遇烈日强风或阵雨，即曰：汝辈非糖人，何怕日。非纸人，何怕风。非泥人，何怕雨。怕这怕那，何时能立。

## 单元2　幼儿园教师常用坐姿

　　"坐如钟"已经成为坐姿礼仪追求的标准，优美的坐姿给人一种温文尔雅、端庄大方、稳如磐石的稳重、舒服、亲切之感。什么是正确的坐姿呢？简单理解就是头正颈直，双肩平展下压，上身保持收紧立直，臀部接触椅面稳稳坐在椅面上的姿势。坐姿可以体现一个人的素质，更是一种礼节。

我的任务

　　掌握各种坐姿的标准，养成"站有站相，坐有坐相"的良好习惯。

### 一、基本坐姿规范

　　关于坐姿的规范我们从坐哪里、如何坐两方面来说。

#### 1. 落座要领

　　落座时，要坐在椅子的 1/2 或 2/3 处，这样可以表达谦恭、和蔼的态度。在幼儿园的教学中，教师的椅子往往与幼儿的椅子一样，因此教师的坐姿具有榜样作用，但前提是安全。

#### 2. 坐姿的身体规范

　　①头部规范：头部要摆正，双目平视，下颌内收，表情放松。

　　②上体规范：上体要挺直，胸部要挺起，腹部要收紧；身体略向前倾，体现出积极主动的态度；女士右手在上，左手在下将双手叠放于大腿上；男士将双手分别放于大腿上。

图 3-8

　　③下肢要求：女士双腿、双脚并拢，小腿垂直于地面。男士双腿、双脚可分开，以双腿分开不超过两肩的宽度为标准。（图 3-8，图 3-9）

　　④离座规范：在集体离座时，要由椅子的左侧离开。离座时起身要缓慢，要无声响。

图 3-9

## 二、常用坐姿的动作要领及适用场合

### （一）入座和离座的方法

#### 1. 入座方法

扫码观看
女士七步入座法
教学视频

优雅从容地从椅子左侧入座，背对椅子自然垂直站立，将右脚后撤半步，让小腿接触到椅面前沿，如着裙装，左手从腰节线向下抚裙摆；上体保持垂直，屈膝坐于椅面 2/3 处，坐稳之后将左脚前移并与右脚并拢，手臂采用前搭式手位自然落放于大腿上或轻轻将小臂的 1/2 处放于桌面上。

#### 2. 离座方法

扫码观看
女士坐姿
教学视频

将右腿或左腿向后回收半步，小腿接触到椅面前沿后，上身保持直立，后侧脚用力蹬地，然后从左侧退出。

入座、离座的方法适用于所有场合的所有人，是一个基本的常识性习惯，是我们一定要养成的行为习惯之一。注意不要坐下后挪动椅子，不要入座后反复整理衣物。

扫码观看
男士坐姿
教学视频

女士落座时要将裙子用手背向前拢一拢。在人多的场合入座时，为了避免相互妨碍，要由椅子的左侧入座。幼儿园教师在工作期间入座时要轻要稳。

### （二）坐姿的脚位变化

**学习笔记**

#### 1. 平行式

双脚平行，小腿垂直于地面。男士可以将双脚分开，但距离不要超过两肩的宽度，女士要将双脚并拢。双腿可以垂直于地面，也可以选择侧平行式。（图 3-10）这种坐姿适用于正式场合。

#### 2. 交叠式

女士可以将脚踝交叠在一起，双腿可以垂直于地面，也可以斜放。（图 3-11）这种坐姿适合于各种场合。

3-10　　　　　　　　　图 3-11

### 3. 开关式

在双腿垂直于地面的前提下，将左脚向前移动半步，右脚向后移动半步，女士将双膝并拢，男士将双膝打开 10 cm，再将左脚脚尖指向 11 点钟方向，右脚脚尖指向 1 点钟方向。也可右脚在前，左脚在后。（图 3-12，图 3-13）

图 3-12

### 三、坐姿禁忌

① 忌身体歪斜，如前倾、后仰、歪向一侧等。

② 忌头部不正，如左顾右盼、摇头晃脑等。

③ 忌手部错位，如双手端臂，双手抱于脑后，双手抱住膝盖，用手浑身乱摸、到处乱敲，双手夹在大腿间等。

图 3-13

④ 忌腿部失态，如双腿叉开过大、抖动不止、架在其他地方、小腿搭在大腿上、长伸腿等。

⑤ 忌脚位不当，如坐定后脱鞋或脱袜、用脚尖指人或脚尖朝上、鞋底朝人、双脚上下或左右抖等。

⑥ 忌坐幼儿的桌子，忌入座或离坐声响过大。

# 单元 3　幼儿园教师常用行姿

行姿是在走路时，人体呈现出的一种动态的美感，是延续站姿静态之美的动态之美。行姿的端庄、优雅，会给人们留下优雅、稳重、落落大方的印象，是展现自我气质与修养的方式。幼儿园教师的行姿要体现自信、阳光、大方、稳健的精神面貌，给幼儿做好示范作用。

前面我们通过练习站姿，为良好的行姿打下了基础，下面我们来学习行姿的规范和细节。

**❀ 我 的 任 务**

逐一检查自己的行姿礼仪细节，纠正不良行姿。

### 一、优雅行姿的动作要领

#### （一）身体状态

行姿是动态的身体姿态，头正、颈直、肩张、胸挺、立腰、收腹、提臀等身体状态要在行姿中予以保留。

#### （二）摆动手臂

行姿中要保持手臂的前后摆动，摆动时以肩关节为轴，大臂带动小臂自然前后摆动，通常前臂摆动 30°，后臂摆动 15°。摆动时手臂要向

扫码观看
行姿
教学视频

前摆动，不可双臂横摆或者一前一横式的摆臂。

### （三）步度适宜

女士的步度应是自己的一个脚长，男士的步度应是自己的一个半脚长。步度太小会有做作之感，步度太大会显得匆忙。

### （四）步速适中

行进速度应在每分钟100～110步。步速、步度要均匀，不要步速忽快忽慢、步度忽大忽小。不能突然起跑，这容易引起周围人的恐慌。

### （五）明确方向

要明确方向，尽量走成直线。男士抬脚时，脚尖正对前方，脚位落点分别在一条中心线的左侧或者右侧；女士双脚的落点通常以脚内侧在一条中心线上为宜，不能偏斜。要防止"内八"字或"外八"字。

### （六）调整重心

身体重心要自然前移。起步时，身体前倾，身体重心落在前脚掌上。随着身体的不断前进，身体重心要不断转移。

### （七）整体协调

行进时，脚跟首先落地，膝盖在脚步落地时伸直，双臂自然摆动，向前摆臂30°，向后摆臂15°。两眼平视，挺胸抬头，步伐轻松矫健，形成优美的动态效果。

### （八）关照他人

在引领客户或与他人同行时，要与幼儿或客人的步速保持一致。

## 二、优雅行姿的禁忌及注意事项

### （一）忌在人群中穿行

尽量不要在人群中穿行。这样既妨碍他人，也妨碍自己。

### （二）忌不讲秩序

要注意行走时的先后顺序，不要争先恐后，要养成主动让路的好习惯。这既是对他人的尊重，也表现出自己的良好教养。

### （三）忌阻挡道路

不要只考虑自己方便。要选择适当的行进路线，要保持一定的行进

学习笔记

速度，不然就有可能阻挡他人的道路。

**（四）忌跑来跑去**

不要跑来跑去。遇到急事，可以加快脚步，不要狂奔乱跑，不然会让周围的人情绪紧张、不知所措。

**（五）不要制造噪声**

走路要轻，不穿响底鞋，不要发出让人心烦的各种声响。

## 单元4　幼儿园教师常用蹲姿

尊重他人要体现在每个细节当中。在幼儿园，蹲姿是生活工作中是必不可少的仪态动作，如捡拾物品、低位取物时都需要做下蹲动作。同时，蹲姿更是尊重幼儿的一个重要体现。蹲下来与幼儿讲话，这样做的目的是让成人与幼儿的眼睛保持平视，消除距离感，创造心理平等的交流环境。

### 一、常用的蹲姿种类

蹲姿是幼儿园教师在工作中常用的基本动作，与幼儿交流、教学、参与幼儿的活动、收拾玩教具等都需要使用蹲姿。掌握蹲姿的要领和类别，有利于我们塑造优雅的体态形象。常用蹲姿可分为三种类型：高低式蹲姿、交叉式蹲姿、半跪式蹲姿，以下主要介绍前两种蹲姿。

### 二、常用蹲姿的动作要领及适用场合

**（一）高低式蹲姿动作要领及适用场合**

高低式蹲姿的动作要领如下。

在标准站姿的基础上，保持上身垂直于地面，转侧向45°，将左脚向后撤半步，继续保持上身垂直，屈膝带动身体整体高度下降，女士着裙装下蹲时需要用手背抚裙下蹲，将臀部放在另一条腿的小腿上面，两大腿收紧并拢。保持抬头挺胸立背，两手采用前搭式手位，放置在高腿面上舒适的位置。（图3-14）。穿裙装的女士做高低式蹲姿时要注意双膝并拢不分开，以免走光；注意保持高腿在外。男士高低式蹲姿可将双膝向外分开。

高低式蹲姿的适用场合如下。

高低式蹲姿也称为标准蹲姿，正式感强，适用于所有场合。例如，

我的任务

掌握蹲姿要领，反复练习蹲姿，形成习惯。

扫码观看
女士蹲姿
教学视频

图3-14

在行进中怀抱的东西突然滑落掉地，或者地面上有东西需要捡起的情况下，幼儿园教师下蹲与幼儿交流时等均可使用高低式蹲姿。

男士高低式蹲姿与女士的动作基本相同，不同的是男士双膝分开，膝盖与脚尖朝向正前方。

### （二）交叉式蹲姿的动作要领及适用场合

交叉式蹲姿的动作要领如下。

图 3-15

同高低式蹲姿要求一样，不同的是交叉式蹲姿要将双腿交叉后做下蹲动作。即将右腿（或左腿）向后撤到左腿（或右腿）的左侧（或右侧），屈膝带动身体整体高度下降。女士着裙装下蹲时需要月单手背抚裙下蹲，重心置于两腿之间，成为半重心姿态支撑身体稳稳落座于后脚跟上，保持抬头挺胸收腹敛臀。

交叉式蹲姿的适用场合如下。

此蹲姿比较女性化，且缺乏稳定性，不适合在正式场合使用，多用于颁奖或者社交场合。对于穿短裙的女士来说，在不得不下蹲的情况下，交叉式蹲姿可以减少走光的概率，是短裙穿着者下蹲动作的首选。（图 3-15）

### 三、蹲姿注意事项

① 忌猛起猛蹲，否则可能会造成怀抱的物品滑落。保持优雅蹲姿的一个主要环节就是控制下蹲的速度，平稳匀速较为妥当。

② 忌弯腰撅臀，弯腰撅臀不仅很不雅，而且有安全隐患。

③ 下蹲时，如果穿裙装，一定要抚裙，以免裙子下摆飘起。

④ 忌两腿分开下蹲，否则可能引起裙子下摆的开缝，这样不但不雅，还会让裙子受损，影响正常工作。

## 单元 5　幼儿园教师常用的手势

### 一、手势表达训练

手是人体最富灵性的器官，是人的第二双眼睛，在传递信息、表达意图和情感方面，发挥着重要作用。

### （一）手势活动的区域含义

从手势活动的区域来看，大体有三种情况。胸部以上的上区，常常用以表达激昂慷慨、积极向上的内容和感情；胸腹之间的中区，常用以表示一般性叙事说理和较平静的情绪；腹部以下的下区，常用以表示否定、鄙视、憎恨等情感。

**我的任务**

掌握递送物品的正确方法，多次模拟练习。

### （二）手势表达的动作构成

手势由掌、臂、拳、指等不同造型及伸、摇、摆等动作节拍构成。其描摹的状貌、传递的意义、抒发的情感有很多是约定俗成被大家共同接受的。在教学过程中，教师可以运用手势动作，增加情感的表达和信息的传递。

## 二、不同手势的运用方法

戏剧、音乐、影视、舞蹈界都将手称作人的"第二张脸"，实践证明教师的有效手势是课堂教学的一个重要因素。强势的手势会束缚学生的思考和创新，无论课堂气氛还是师生之间的互动都无法达到预期的效果。杂乱的手势会传递出错误的信息、误导他人的理解，甚至会转移学生的注意力。幼儿园教师要有意识地训练手势，避免手势不当带来尴尬。下面，我们一起来学习手势语。

### （一）手掌

**学习笔记**

① 手掌指向斜上方表示号召。手掌向上，胳膊伸向肩部以上或斜上方，表示激越，提出希望，发出倡议。例如，让我们一起参与到下面的游戏中来吧！

② 手掌心向上，胳膊居中位（胸以下腹部以上），表示叙述事实、说明情况或表明请求、承认。例如，我和小朋友们永远是最要好的朋友（手掌居身体中位，说到"小朋友们"时指向前方的幼儿，指代他们）！

③ 手掌心向下，居身体的下位（腹部以下），胳膊微曲，有时斜劈下去，表示制止、反对、不愿意、不喜欢等。例如，这种抢东西打人的行为，我们是不允许的（手心向下横劈，表示制止）！

④ 两手掌心向上由合而分，表示无奈、失望、分散、消极。例如，这种事情，我也没有办法。

⑤ 两手掌心相对由分而合，大多表示亲密、和好、团结的意思。例如，他们虽然吵吵闹闹，但依然是好朋友。

### （二）手指

① 大拇指伸出表示夸奖、崇敬、第一的意思。例如，他是这次活动表现最突出的孩子（大拇指伸出，表示最突出）。

② 食指伸出朝向上方，表示强调，也可以表示批评、指责、命令，也可以表示数字。食指弯曲或钩形表示九、九十、九百……齐肩划线表示直线，在空中划弧线表示弧形。

③ 小拇指伸出表示无足轻重、卑下、低劣的意思，也可表示精细、微不足道或蔑视对方。这一手势在教学中用得不多。例如，你是家里的老大，我是老幺。

④ 食指、中指并用式。食指、中指伸直分开，其余三指弯曲。这一手势在一些欧美国家及非洲国家表示胜利的含义，并且也表示数字。

⑤ 中指、无名指、小指三指并用式。一般表示数字。

⑥ 食指、中指、无名指、小指四指并用式。表示四、四十、四百。

⑦ 五指并用式，又叫手推式。如果是五指伸直且分开，表示数字。指尖并拢并向上，掌心向外推出，表示向前、希望等含义，显示出坚定与力量。

⑧ 大拇指、小指并用式。大拇指与小指同时伸出，其余三指并拢弯曲，表示数字。

⑨ 大拇指、食指并用式。二者弯曲靠拢但未接触，则表示微小、精细之意；分开伸出，其余三指弯曲表示数字。

⑩ O 形手式，又叫圆形手式，曾风行欧美，表示"好""行"的意思，也表示"零"。

⑪ 仰手式。掌心向上，大拇指自然张开，其余弯曲，表示包容量很大。手部抬高表示赞美、欢欣、希望之意；平放是乞求、请求施舍之意；手部放低表示无可奈何、坦诚。

⑫ 俯手式。掌心向下，表示审慎提醒，抑制听众情绪，进而达到控场的目的，同时表示反对、否定之意；有时也表示安慰、许可之意；有时又用以指示方向。

⑬ 手啄式。五指并拢呈簸箕形，指尖向前，表示提醒注意之意，有很强的针对性、指向性，并带有一定的挑衅性。

⑭ 手包式。五指相夹相触，指尖向上，就像一个收紧了开口的钱包，用于强调主题和重点，也表示探讨之意。

⑮ 手剪式。五指并拢，手掌挺直，掌心向下，左右两手同时运用，随着有声语言左右分开，表示强烈拒绝。

⑯ 手抓式。五指稍弯、分开、开口向上。这种手势主要用来吸引听众，控制课堂气氛。

⑰ 手压式。手臂自然伸直，掌心向下，手掌一下一下向下压去。当听众情绪激动时，可用这手势平息。

⑱ 抚身式。五指自然并拢，抚摸自己身体的某一部分。抚胸表示沉思、谦逊、反躬自问，抚头表示懊恼、回忆等。

⑲ 挥手式。手举过头挥动，表示兴奋、致意；双手同时挥动表示热情致意。

⑳ 掌分式。双手自然撑掌，用力分开。掌心向上表示开展、行动起来等意，向下表示排除、取缔等；平行伸开还表示面积、平面之意。

㉑ 举拳式。单手或双手握拳，平举胸前，表示示威、报复；高举过肩或挥动或直捶或斜击，表示愤怒、呐喊等。这种手势有较大的排他性，课堂中不宜多用。

㉒ 拳击式。双手握拳在胸前作撞击动作，表示事物间的矛盾冲突。

㉓ 拍肩式。用手指拍击肩膀，表示担负工作、责任和使命的意思。

㉔ 拍头式。用手掌拍头，表示猛醒、省悟、恍然大悟等意思。

㉕ 捶胸式。用拳捶胸，辅之以跺脚、顿足，表示愤恨、哀戚、伤悲等，教学中不太使用。

## 温馨提示

### 运用手势的注意事项

① 差异性。我们需要明白相同手势在不同地区和国家具有不同的含义。例如，在有些国家，不能摸小孩的头部；食指和中指向上伸，成"V"型，一般理解为"胜利"与"和平"的意思，在中国表示数字"二"，在欧美国家表示胜利和成功，在英国手心向外表示胜利，手掌向内表示贬低人、侮辱人的意思。大拇指和食指搭圆，其他三指伸直，构成"OK"，一般表示赞扬或允许的意思，在中国、法国表示零的意思，美国表示同意、了不起、顺利的意思，在日本、缅甸、韩国表示金钱的意思。

② 精当。所谓"精"，就是精确，幼儿园教师做出的手势要能够精确地表达出它特定的意义和内涵。所谓"当"，就是适当，在教学中，手势既不要过多，也不能太少，要根据教学内容的

需要使用手势，让最富有表现力和感染力的无声语言与有声语言有机地融合在一起，力求用最精当的手势，获得最佳的教学效果。

③自然。手势贵在自然，自然才是情感的真实流露和体现，而任何矫揉造作的手势都只会引起幼儿的反感。所以，幼儿园教师的手势要做得舒展大方，自然流畅，既不可过于张狂，也不能过于拘谨。总之，每个手势都要随着教师教学的情感活动自然形成和外现，即使预先设计的手势，也要让学生感觉是情感所致，只有这样自然的手势，才能取得好的教学效果。

④简练。幼儿园教师教学的手势是从生活中提炼出来的，它追求的是简单明了、精练生动的表达效果。复杂模糊的手势会让幼儿迷惑难解，而烦琐拖沓的手势又会使幼儿烦扰生厌。所以，幼儿园教师的手势一定要尽可能地做得简捷明快、干净利落，切不可哗众取宠、拖泥带水。

⑤和谐。幼儿园教师的手势是不可能单独运用的，教师的一举一动，总是和他的声音、姿态、表情配合在一起的，这种配合必须是适当的、协调的。比如，手势的起落应与话音同时出现，手势动作需要同姿态结合。手势效应必须与表情一致和谐才能产生美。

一位教师曾精确地描述过手势效应，他说："手是人体敏锐、丰富的表情器官之一，它以众多的不同态势的造型艺术，描摹着事物的复杂状貌，传递着人们的潜在心声，披露着心灵深处的微妙情感。它是激发学生积极思维的信号，它是撩拨学生感情之弦的信息。"让我们多多观摩，好好练习吧，相信你也能展示出手势的神奇魅力和独特风采！

**学习笔记**

### 三、递送物品的手势

标准的手势语可以传达对对方的尊重。幼儿园教师常用手势主要包括递送物品手势和引领手势。

递送物品时单手递出与双手递出所表达的情感是不同的。向上级领导、同事、家长、幼儿、亲人、朋友递送物品时由于正式度不同、情感不同，递送物品时使用单手还是双手也有不同的要求。幼儿园教师运用标准的递送手势，送出去的不仅是物品，同时传达的还有我们的态度和真诚。

#### （一）递送物品手势的动作要领及适用场合

##### 1.双手递送的标准动作及适用场合

双手递送的标准动作如下。

在递送物品之前，首先确认拿稳所要递送的物品，以便于对方拿取或阅读的方向递向对方，如签字笔。双手分别拿稳笔的两头，横向递送给对方，对方可单手接握笔的中间部分，便于书写。对尖锐的物品如剪刀、裁纸刀、美工刀等，要注意将锋利的一面朝向自己，让对方能够安全地接过去。同时，掌心朝上，身体微微前倾，物品正面朝向接收物品的一方，目光柔和、面带笑容，真诚地将物品双手递给对方，言语相伴更合适。

双手递送的适用场合如下。

双手递送的正式感强，适用于隆重和正式的场合中。例如，给领导递交教案、文件纪要、会议记录、递送较重的物品时，双手递送更能表达出对对方的尊重，同时还体现了接待工作的专业度。（图3-16）

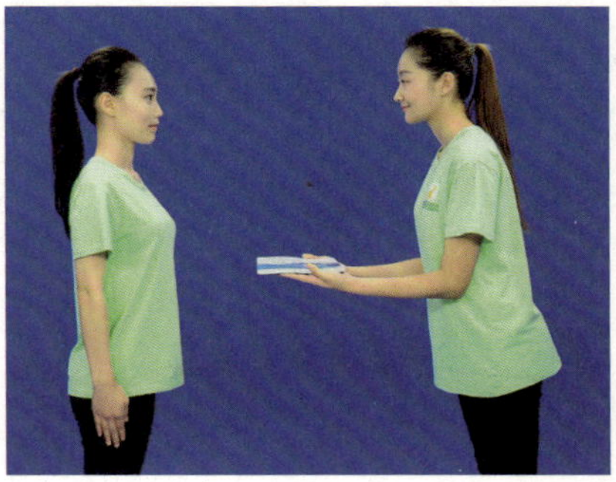

### 2. 单手递送的标准动作及适用场合

单手递送的标准动作如下。

图3-16

单手递送与双手递送的动作一致，只是递送是用一只手完成的。单手递送通常用右手。

单手递送的正式度较低，多用于关系熟悉的同事、朋友、亲人之间。

## 温馨提示

### 递送物品注意事项

① 递送物品首先确保拿稳、拿好物品，以免物品在递送过程中滑落。
② 递送物品时需要专注，不能左顾右盼，不能无精打采。
③ 单手递送物品时尽量不用左手。
④ 递送特殊物品时，需要考虑物品的朝向，以安全、方便地面向对方较为合适。

### （二）幼儿园教师在教学工作中的递送

幼儿园教师在教学活动中，向幼儿递送物品时也需要注意递送的注意事项。教师与幼儿接触多，相互之间非常熟悉，教师容易忽略对幼儿的礼节。教师对幼儿的教育影响是潜移默化的，更是幼儿模仿学习的主要对象。教师的行为举止直接影响幼儿的行为习惯。所以，教师应时刻注意自己的行为举止，用正确、规范的动作影响、教育幼儿形成规范的行为习惯。

### 四、引领手势

在日常教学实践中，幼儿园教师的各种手势都传递着潜在的心声，体现了教师心灵深处对幼儿的情感和态度。古罗马政治家西塞罗说过："一切心理活动都伴有指手画脚等动作，手势恰如人体语言，这种语言甚至连野蛮人都能理解。"法国画家德拉克洛瓦则指出："手应该像脸一样富有表情。"

手势中最常用的是引领手势，这是幼儿园教师在教育教学活动中、在接待来园的客人、家长时，用于指引方向、引领、提醒学生或客人时使用的导向性手势。引领手势是一种常用的通过肢体手臂的方向传递礼节的指引手势。幼儿园教师可以使用规范的引领手势，收获美好的首轮效应。

#### （一）引领动作的手势种类

常用引领动作的手势类型根据方位的高低、方向不同，可分为上位手、中位手、下位手，又因采用的左右手不一样，还可细分为左上位手、左中位手、左下位手和右上位手、右中位手、右下位手。

#### （二）幼儿园教师引领手势的动作方法与适用场合

##### 1. 上位手的动作要领及适用场合

引领时，手部超过肩部的手势称为上位手。

手势要领：手臂自然放松，五指自然并拢，手臂从体侧自然举起，保持大臂与小臂呈一条弧线，手掌45°斜向上，五指自然并拢，高度以不超过头顶为宜。

适用场合：需要指引的方位、建筑物、目标物品高过头顶，只有用上位手才能够表达清楚方向，如介绍高空建筑物、位置较高的挂画、悬挂位置较高的牌匾奖状时均采用上位手指引。语言表达"请看上面建筑物""请看上面这幅"等语言。

##### 2. 中位手的动作要领及适用场合

引领时，手部在肩部与胯部之间的手势称为中位手。

手势要领：五指自然并拢，大臂与小臂呈一条弧线，手掌与地面形成一定夹角，指向目标。中位手因为用途和场合不同可略做小幅调整。（图3-17）

图3-17

适用场合：中位手常用于引领前进方向、介绍礼或者指向明确具体位置时，如引领带路用中位手，常伴有"这边请""请移步跟随""请进"等语言。

### 3. 下位手的动作要领及适用场合

引领时，手部在胯部以下的手势称为下位手。

手势要领：五指自然并拢，手臂于体侧自然抬起。保持大臂与小臂呈一条弧线，掌心45°斜向上，手指方向指向下，身体微微前倾侧屈，指向低于身体髋部的目标物品。（图3-18，图3-19）

图 3-18

适用场合：下位手多用于引领指向低于髋部的地标性建筑或目标物。如"请坐""请喝茶""请小心脚下""小心台阶"等。

图 3-19

**手势引领注意事项**

第一，在用到方向性手势时，禁用食指去指向比画，要注意五指自然并拢掌心向上去指向。

第二，在做引领手势时，避免可以用右手时用左手，尤其在上位手的观赏性指向时，忌用左手。仅在中位手引领时，有需要时才用左手。

第三，在做手势引领时，手臂尽量呈一条弧线，避免背身位（将自己的后背朝向对方）引领，尽量用开身位引领。

第四，在做手势引领时，忌五指张开，忌动作过于夸张，否则会影响他人的行进空间，显得张牙舞爪。

伴着翠鸟的吟唱，沐浴着清晨的阳光，美好的一天开始了。美美的致伶妈妈带着致伶到幼儿园啦！朱老师端庄大方地站在园内的作品展览区，看见致伶和致伶妈妈，朱老师优雅地走过来，亲切地寒暄后引领她们去展区，观赏小朋友的作品，请问在这个过程中朱老师用了哪些仪态礼仪？请大家一起演练一下吧！

## 思考与练习

1. 积极主动地将仪态礼仪带入工作或生活的状态中，树立良好的仪态形象。

2. 幼儿园教师坐在办公室里，商议着策划艺术节的礼仪小队展演，除了表演标准的仪态动作，还有情景剧"我爱我画"。教师组织幼儿分角色表演参观活动，学习巩固引领手势的规范性。教师选 4 个幼儿做引领员，选 4 个幼儿做讲解员，其余的做家长群体。教师接受培训后实践演练，并巡回指导。这不仅使教师能够扎实掌握仪态礼仪，而且让幼儿也学会了最美的仪态，做最好的引领手势。

3. 蹲姿游戏

游戏名称：萝卜蹲

游戏规则：

1. 根据人数多少，可分组也可不分组；

2. 将各组或每一个人命名为一种颜色的萝卜，也可以是一种蔬菜或水果；

3. 选一人先开始，说："××蹲，××蹲，××蹲完，××蹲。"（××指另一人头上戴的水果或蔬菜名。）被叫到的人紧接着说："××蹲，××蹲，××蹲完，××蹲"，若未说出则被淘汰，最后留下的就是获胜者。

游戏目的：幼儿学会集中精力认真听讲，并锻炼反应速度；游戏还可以帮助幼儿提升语言表达和动作的协调能力。

### 学习反思

# 模块四　幼儿园教师的体态语

## 学习目标

1. 理解教师体态语对幼儿的重要性。

2. 掌握微笑、眼神、肢体动作的体态语表达方法。

3. 学会用微笑、眼神表情达意，用肢体动作传递信息。

## 学习重点与难点

◆ 学习重点

理解微笑、眼神、肢体动作等体态语的重要性。

◆ 学习难点

能够熟练掌握微笑、眼神、肢体动作的体态语表达方法，学会用微笑、眼神表情达意，通过恰当的肢体动作让幼儿获得信息，理解信息。

体态语是教育教学工作中不可缺少的组成部分，是指教师以身体动作来传递信息、交流感情、表示某种意义的信息系统，主要包括面部语、手势语、身体动作等几个方面。曾经有人这样描述教师体态语的重要性，"第一流的教师用眼神，第二流的教师用语言，第三流的教师用惩罚"。教师运用体态语，可以产生直观的感性体验，可以产生胜于有声语言的表达效果。

学前阶段是幼儿形成健康人格的关键时期。教师是幼儿精神形成的同行者，教师的举手投足时刻影响着幼儿。幼儿会通过教师的体态语捕捉信息，一个鼓励的眼神、一个亲切的微笑、一个形象的手势，就能让幼儿感受到被尊重，感受到被关爱，可以使幼儿对教师产生信任感，更愿意与教师接近。保持愉悦的心情，以饱满的情绪参与幼儿园活动，对幼儿园生活充满向往。

学习笔记

## 单元1　用微笑传递爱

教师的爱能使幼儿的道德和智慧得到更好的发展。微笑是最好的爱的表露，也是直观的信息传达系统，是具有强烈感染力的体态语，被称为"情绪语言"。幼儿园教师面带微笑地组织教育活动，是热爱幼儿、热爱本职工作、爱岗敬业的外在表现。让我们"用爱的微笑去滋润孩子的心灵"。

### 一、幼儿园教师的微笑标准

微笑需要发自内心，一个完美的微笑会牵动眉宇、唇齿和面部肌肉，会经由表情、语气和动作表达出来。微笑需要一颗善良、豁达、懂得感恩的心作为基础。

对于东方人的骨骼和五官轮廓来说，西方"八颗牙"的微笑标准不一定适合我们每一个人。幼儿园教师需要根据自身的脸型、五官，寻找自己最美、最得体的微笑，这样的微笑可能是笑不露齿，可能是露六颗牙，也可能是八颗牙。在确定好自己微笑嘴型的前提下，我们还需要做到以下三点。

#### （一）五官调动，做到真笑

真实的微笑，会自然调动五官。眼睛有神，眉毛上扬并稍弯，鼻翼张开，颧肌上提，嘴角上扬。做到眼到、眉到、鼻到、肌到、嘴到，才会显得亲切可人，得到幼儿的心灵共振。

#### （二）神情结合，显出气质

笑的时候，精神饱满、神采奕奕，要笑得亲切、甜美。这样的笑伴以教师的职业稳重，伴以教师的文化修养，才能显现气质。

#### （三）微笑规范，展露美感

微笑是无声语言，在传递情感和信息的同时，也能展现美感。微笑不是露八颗牙才美，而是传递美好，表达诚恳，与仪表、举止相结合，传递积极的身体语汇。展现微笑的魅力，形成完整、统一、和谐的美。

### 二、幼儿园教师的微笑训练

谈到微笑训练，我们脑海中常常浮现出一个画面，那就是礼仪小姐嘴里咬着一根筷子进行微笑练习，固然，这种训练方法可以锻炼颧肌和咀嚼肌，但这样训练出来的微笑却显得僵硬、不自然。我们知道真正的微笑并不是一个简单的面部肌肉动作，而是必须建立在真实的情绪之上的，是内心真实快乐的反映。因此，幼儿园教师进行微笑训练时，必须调整好自己的情绪，排除内心负面的情绪，调动积极的快乐动因。

学习笔记

下面介绍几种微笑训练方法。

### （一）口型训练法

微笑的口型为闭唇或微启唇，两唇角微微向上翘。一些字词的发音可以进行口型训练。比如，普通话里声母为 j 、q、x 的字词（茄子、七、线、姐姐等），默念这些字词形成的口型正好是微笑的最佳口型。（图4-1）

图4-1

### （二）情绪记忆法

将生活中自己最好的情绪储存在记忆中，当教学工作中需要微笑时，即调动起这些记忆，获得最好的情绪，这时脸上就会露出笑容。注意观察并训练眼神的微笑，用一本书或一张纸遮住眼睛以下的部位，回忆开心的事情，此时，心情就会通过眼神的微笑表达出来。（图4-2）

图4-2

### （三）对镜训练法

对镜训练法比较常见，方便训练。每天早晨，对着镜子微笑，首先找出自己最满意的笑容，然后坚持训练并坚持下去。在训练时，面部肌肉放松，不出声，不露齿或微露齿，嘴角微微上翘，然后自我观察，找到自己认为最阳光、最灿烂、最美的感觉，并把这种感觉记下来。（图4-3）

图4-3

### （四）手指训练法

手指训练法是微笑训练的基本方法，是借助手指完成微笑训练。用食指或中指抑或小指放在嘴唇两角处，其他手指握空拳，向斜上方轻轻拉动嘴角，并寻找最佳位置。如此反复多次，观察微笑时面部肌肉的变化，寻找适合、自然的微笑感觉状态后记忆下来，每次训练都寻找这种微笑，最后学会微笑定格。（图4-4）

图4-4

## 单元2  用眼神表情达意

眼睛是心灵的窗户，它是幼儿园教师与幼儿间最常用、最有效的非语言信息的传递路径。眼神传递出的"话语"有着复杂、丰富的内涵，幼儿园教师有时候不需要太多言语，一个眼神就可以传达情感，比言语更有力量。

学习笔记

### 一、幼儿园教师的眼神内涵

幼儿园教师的眼神，因其交流的对象主要是幼儿，需要根据幼儿的身心发展和心理需求进行眼神交流，因此幼儿园教师的眼神具有以下内涵。

#### （一）鼓励性

鼓励教育可以帮助幼儿增加自信心，有益于幼儿自我价值感的建立，鼓励可以是一句话，也可以是一个眼神。上课时，一些胆小的幼儿羞于举手，教师可以用鼓励性的眼神看着他，让他有勇气举手回答问题。幼儿心理比较敏感，如果有教师的鼓励，他们会变得更大胆，敢于挑战自己。

#### （二）赞许性

赞许幼儿，肯定他们的表现，能让幼儿为了再次获得表扬，延续好的习惯，纠正不良的行为。幼儿园的小红花、掌声、糖果等激励，让幼儿获得肯定和满足，其实眼神的赞许也具有这样的功效。幼儿取得每一点进步，或付出相应的努力时，教师给出一个赞许的眼神，幼儿往往能够理解眼神的含义，继续取得更大的进步。

#### （三）提示性

提示性眼神，在教育过程中运用较多。启发幼儿思考问题，带动幼儿的自发性行为等都用到这样的提示性眼神。当幼儿有疑惑时，教师的眼神就是答案；当幼儿有注意力不集中的行为时，教师的眼神就是提醒；当幼儿犯下错误时，教师的眼神就是告诫。提示性眼神，也称暗示性眼神，不同于责备性眼神，责备会伤害幼儿的自尊心，幼儿容易出现胆怯不安的情绪。

### 二、幼儿园教师的眼神训练

眼神的表达复杂而多样，幼儿园教师可以通过知识的掌握和系统的训练，拥有正确、得体的眼语。

#### （一）眼神的定视训练

定视，训练眼神的聚焦。在眼睛或眉的正前方两三米处找一个点，全身放松，眼睛自然睁大，眼眶匝肌不宜收得太紧，正视这个点，目光集中，聚焦不散，尽量不要眨眼。注视一定时间后可以双眼微闭休息，再猛然睁开眼，立刻盯住目标，进行反复练习。也可以两人一组进行互视练习，努力不眨眼，坚持时间尽量长。

### （二）眼神的扫视训练

扫视训练，可以提高眼神的灵活度。在眼前伸出一根食指，距眼睛约 20 cm，高度约在眉心处，有节奏地左右摆动，位置以不超过面部边缘为宜，眼睛追随食指的摆动有节奏地进行练习，这是视摆训练法。也可以在室内两侧墙壁相同水平高度上（以自己的眼睛的高度为宜）各取一点，站定在两点连线后面两三米处，使颈部轻度左右摆动，而目光要始终分别落在两边墙上的固定点上，这是训练转颈扫视的简易方法。有时，也可以直接在墙壁上选取两个对称的物品作为练习道具，如教室黑板的两侧边沿就是很好的练习工具，可以根据身体的高度选择视线的高度。

### （三）眼神的情感训练

眼神可以传递情感，不同的眼神可以表达欢迎、高兴、赞许、鼓励、遗憾等不同的情感。可以进行对镜练习，也可以双人练习，在练习中注意观察细微的变化，如眼球的转动速度、瞳孔和眼皮的开合大小、眼皮眨动的速度、目光的集中程度和持续的时间长短，在镜子中观察和寻找亲切、温和的目光。也可以寻找一些自己喜欢的明星或动物的图片，挑选目光温和、善良、积极的人或动物进行模仿。

## 单元 3　用肢体动作传递信息

肢体可以通过各种动作来形象地表达思想、传递信息。在人类的交流中有两类语言，一类是有声语言，另一类是以肢体语言为代表的无声语言。在此，我们专指身体与四肢的肢体动作。幼儿思维是具体形象的，所以幼儿能很容易地接受和理解教师的肢体动作。因此，训练丰富的肢体动作，掌握丰富的肢体语言，对幼儿园教师来说显得尤为重要，对促进幼儿发展有较大的帮助。

### 一、幼儿园教师肢体动作的特点

根据幼儿的心理发育特点和认知特点，幼儿对教师肢体动作的兴趣远远超过对语言的兴趣，教师在进行教学设计时，有效利用肢体动作传达情绪或信息，能吸引幼儿的注意力，引起他们的情感共鸣。

学习笔记

我的任务

能够有意识地运用适当的肢体动作进行幼儿教育教学，尤其是能够在课程试讲中有效运用。

### （一）直观性

肢体语言具有直观性，能对教学内容做出最直接的解释，能直接刺激学生的视觉器官，将生动逼真的形象动作呈现在幼儿面前。例如，幼儿园教师在讲故事时，可将大与小、高与矮、长与短、厚与薄等词语用手比画出程度区别。教师在讲到某些幼儿较难理解的词语时，可以通过身体动作的示范，帮助幼儿理解。有经验的教师善于通过自身或他人的动作演示为幼儿提供直观的、有效的示范。教师做出的不同身姿、手势和动作，往往比语言更易于使幼儿理解和模仿。

### （二）感染性

幼儿园教师的肢体动作具有感染性，能促进师生情感互动，能营造较好的课堂氛围。幼儿园教师可以用丰富的、活泼的、形象的肢体动作，传递、调动幼儿的情绪，提高幼儿的注意力。例如，欣赏故事时，为了方便幼儿理解，讲到小兔子来了时教师带着幼儿一起跳一跳，讲到大象来了时教师带着幼儿伸长手臂模拟大象的长鼻子。在这些肢体活动中，幼儿参与进来了，幼儿的目光和思想被这些肢体动作牵引。肢体动作能有效地辅助有声语言，增加了教学活动的感染力。

### （三）丰富性

幼儿园教师可通过丰富的肢体动作传达多种意思，如将食指放在嘴唇上表示安静、竖起大拇指表示赞扬等。不同的肢体动作可以传递不同的信息，相同的肢体动作在不同的情境或面对不同的接受者时，也可以表示不同的含义。例如，教师拍幼儿的肩膀，一般情况下表示关心和鼓励；而教师在讲课时发现幼儿在开小差，教师拍其肩膀则有批评、提醒的意味，此时的肢体动作既维护了课堂秩序，又没有停止授课。

### （四）情感性

肢体动作可以表达情感，甚至可以超过言语的情感表现力。例如，教师可以用肢体语言使新入园的幼儿觉得幼儿园像家一样温馨，将幼儿轻轻搂入怀里缓缓地拍拍他们的背，使幼儿体会到情感上的安全。再比如，自由活动时，为了鼓励幼儿，教师轻轻地抚摩他的头顶，也能让幼儿感受到亲情般的温暖，有效拉近师生之间的心理距离。对处于任何年龄段的人来说，身体的碰触和其他肢体语言都是情感交流的重要方式。我们可以借助于肢体动作很好地表达对幼儿的赞扬与肯定。

学习笔记

## 二、幼儿园教师肢体动作的分类

肢体语言内涵丰富，表现形式多样，按肢体动作的作用来分，可以分为以下三种。

### （一）模拟动作

教师的肢体动作可以模拟物体形状，比画空间感，或者演示动作。模拟动作可以给幼儿创设想象的空间，提升幼儿的思维能力。例如，教师给幼儿设置了一个体态游戏"看动作"，教师表演一个动作，让幼儿自由地说出各类词语，教师用肯定的态度鼓励他们，发散他们的想象力。幼儿的记忆以形象记忆为主，抽象的事物较难被记住。教师为了让幼儿记住儿歌，加入一些动作，如双手握拳，伸直中指和食指顶在头上表示小白兔（图4-5）；大拇指和食指捏在一起，其他手指呈弯曲握拳状放在嘴前表示小鸡，通过这些动作让幼儿更容易记住并理解儿歌的歌词，也让教学更生动。

图4-5

### （二）指示动作

指示动作就是用来引领、指示、示意的动作，提示或发出指令，如指示幼儿取玩具的方向、引领幼儿去卫生间、示意幼儿活动的步骤、食指竖起放于嘴前表示安静（图4-6）等。自然且有效地运用指示动作，可以更直观地帮助幼儿明白某件事，对有声语言起到补充和强调作用。

图4-6

### （三）情意动作

情意动作就是表明教师对幼儿或事情的赞赏、期待、批评、鼓励等态度的动作。例如，教师的点头是一种最直观的肯定，竖起大拇指表示夸赞（图4-7），拥抱表示关心等。值得注意的是，不能用食指指着幼儿指责。教师应多用积极的、肯定的情意动作，让幼儿在欣赏和成就感中累积自信。

图4-7

## 三、幼儿园教师肢体动作的训练

科学、得体、到位的肢体动作，才能准确地传达信息，便于幼儿领会教师的意图。在肢体动作上，幼儿园教师可以进行以下设计与训练。

### （一）肢体仪态训练

肢体仪态主要包括站姿、坐姿、行姿、蹲姿等，可以强化口语信息的表达效果，还能反映幼儿园教师的气质、风度、教养和内心活动。幼儿也能从教师的肢体动作上感受教师的态度和情绪状态。教师应用积极的肢体语言与幼儿沟通，训练可参照第三章内容。

### （二）肢体活动设计

#### 1. 动作简单，幅度夸张

肢体动作简单，能让幼儿清楚地感知内容，明确要点。动作幅度夸张，能让幼儿观察得更仔细，易于理解。肢体动作设计要注意能很好地表明动作的含义，有效地辅助教学，加深幼儿对信息的理解。

#### 2. 速度适宜，节奏分明

由于幼儿年龄较小，需要时间去思考、分析、理解表演内容，因此肢体动作初次呈现时的速度要比常速慢一些，这样才能使幼儿看得清楚、理解得全面。同时，肢体动作还应根据教学的重难点在表演的过程中体现快慢的节奏感。在容易理解的部分，肢体动作表现的速度可以快一点；在重难点部分表现的速度要慢一些，重在让幼儿理解表演内容。

#### 3. 表情丰富，科学设计

肢体活动如果加上丰富的面部表情，表达的内容会更加广泛，可以更好地帮助幼儿理解信息，体验情感。设计肢体活动，要根据幼儿的接受程度"量体裁衣"，以方便幼儿理解为出发点，以具体、形象为主，让幼儿边看、边学、边动。这既提升了幼儿的学习兴趣，又锻炼了幼儿的注意力。在设计时，还可以加入多种教学手段，如音乐、游戏等，这将有助于获得很好的效果。

## 拓展学习

体态语表达了一个人的真实想法，人们的表现即使在有声语言方面有所掩饰，也会在无声语言，尤其是体态语言中表露出来。体态语具有习惯自然的下意识特性，它比有声语言更能表现出人的心理状态。比如，人在心情不舒畅时，会胡乱地吸烟，吸到一半又随手丢掉，也会把小纸卡折来叠去，或撕个粉碎。以下是常见的动作语言。

脸对着听者（听人讲话亦然），目光流露出赞许的笑意、微微点头，表示对他人的尊重和礼貌。

头部向上，表示希望、倾听；低头，可能是谦逊、内疚或沉思，或为什么事忧虑，也可能是因为做错了什么事而悔恨。头部向前，表示倾听、期望或同情、关心。头部向后，表示惊奇、恐惧、退让或迟疑。

身体直立、头部端正，表现的是自信、严肃、正派、自豪、有勇气、有精神的风度。适度挺胸收腹，显得精神饱满。垂头、含胸、驼背给人以信心不足、萎靡不振的感觉。

点头是一种最常见的礼貌举止，常用于和路人打招呼和告别。用点头来招呼时，点头者应两眼看着对方，面部略带微笑；用点头方式告别时，应微微欠身，也要伴以微笑。无论何时，那种面目僵硬地点头都是无礼的。

抱起双臂在胸前是防御或展示优越感和权威感。双臂抱在胸前，身体靠在椅背上，给人以懒洋洋的印象，这是一种消极的信号；双臂背后，昂首挺胸，表示自信和权威；双臂向后，枕在后脑勺上，也是优越的信号。

两腿自然弯曲并拢，两脚并列落座，显得大方、文雅。两腿笔直前伸而坐，两膝分得太开，人称"箕踞"，是颇为失礼的表现。一腿跷在另一条腿上，或不时抖动，显得粗俗不雅。

脚的摆放和方位较多起着暗示的作用。脚尖的指向，往往暗示着要去的方向。与人相遇，虽照面并打了招呼，但你的脚尖并未转向对方，对方一定会据此判断你不打算多谈，反之亦然。对方脚尖发出急促的击地声，表示厌烦的意思。

通过这些小细节、微表情，我们往往可以判断交往对象内心的真实想法。现在，国内外很多刑侦机构都有专门研究微表情的部门，并根据微表情破案。在我们日常交往中，要避免因为自身微表情不当而引起误会，不论有声语言，还是无声语言的表达都要尽量精准，这需要我们有意识地培养和练习。

资料来源　徐克茹.商务礼仪标准培训［M］.北京，中国纺织出版社，2010.

## 情景演练

安琪小朋友今天第一天上幼儿园，看着陌生的幼儿园和老师，表现出不安和焦虑。毛老师用微笑和肢体语言表现出亲和力，安抚好了安琪小朋友的情绪。请大家思考如何用微笑和肢体语言化解安琪的不安，演示一下毛老师是如何安抚安琪的。

## 思考与练习

1. 幼儿园马上要举办运动会了，王老师为鼓励幼儿报名参加，讲了一段话。请为王老师设计语言及肢体动作，约三分钟。

2. 天天小朋友摔了一跤，腿上摔破了，请设计表示安慰的肢体动作。

3. 实践演练：放学了，家长们来接孩子，教师用亲切的眼神目送他们离开。

# 模块五　幼儿园教师的亲师沟通

## 学习目标

1.了解亲师沟通的基本原则。

2.掌握亲师沟通的技巧和方法。

3.学会在工作中灵活运用各种沟通方式。

## 学习重点与难点

◆ 学习重点

了解亲师沟通的基本原则，理解亲师有效沟通的重要性。

◆ 学习难点

掌握亲师沟通的技巧和方法，学会在工作中灵活运用各种沟通方式。

## 我的问题

我是一名新教师，每次面对家长时，我都不知道怎么和他们沟通，特别是幼儿在幼儿园和别的小朋友发生矛盾或者磕伤碰伤时我更是不知道怎么面对家长，和家长沟通交流成为了我的工作障碍，经常感到很被动……

**学习笔记**

## 单元1　亲师沟通的基本原则

《幼儿园工作规程》明确指出，幼儿园应主动与幼儿家庭配合，帮助家长创设良好的家庭教育环境，共同担负教育幼儿的任务。幼儿的健康、健全成长，单靠幼儿园或是家庭任何一方都是难以实现的，我们需要家长主动参与幼儿教育，使家长和教师成为育儿的合作伙伴，这样才能有效地提高幼儿园保教工作的质量，促进幼儿全面健康的发展。

### 一、亲师沟通的重要意义

#### （一）有利于家园之间相互配合，共同促进幼儿更好的成长

家园共育的本质就是家庭和幼儿园共同教育幼儿。只有教师和家长之间相互配合，才能共同促进幼儿更好的成长。幼儿教育离不开家庭教

育，教师对幼儿实施教育需要家长的支持，同样家长也需要教师的理解和帮助。

幼儿园教师需要不断与家长沟通，全面了解幼儿的成长环境、教养方式，积极寻找教育幼儿的最佳切入点，和家长共商教育策略。力争家长的教育观念和幼儿园保持一致，形成教育合力，让家长在家庭教育中自然而然地配合教师的工作。

### （二）有利于教师与家长之间相互学习，资源共享，共同提高

教师在与家长的沟通中，应认识到与家长进行沟通的过程，也是向家长学习的好机会。这样不但帮助教师拓宽了思路，而且也调动了家长的主动性、积极性，提高了家长参与幼儿教育的兴趣，促进家长与教师之间的合作，有利于密切家园关系。

但在实际的工作中我们发现，很多因素导致家长在对待幼儿教育的问题上所持的态度、观念各不相同，从而其处理问题的行为、方式方法也就自然不同。要让他们都能与幼儿园步调一致，真的很不容易。那么如何才能做到有效的家园沟通呢？

## 二、亲师沟通的基本原则

### （一）热情主动

学习笔记

教师要在家长送幼儿来园、离园时热情地打招呼，并且主动与家长沟通幼儿在幼儿园的各方面表现，如幼儿的健康、情绪、行为、人际关系，还可以交流幼儿园最近开展的活动及要求，教师为解决幼儿的问题而采取的一些措施等，让家长及时了解幼儿在幼儿园的各项情况。对于被动型的家长，教师尤其需要热情主动地告知情况，求得理解，达成共识。

幼儿出现意外情况时，教师更要主动及时告诉家长，便于弥补不足，千万不能心存侥幸。如果家长发现问题再来询问，教师会很被动，且易发生误会。切记幼儿身上无小事。

另外，在面对自己孩子存在的各种问题时，"望子成龙，望女成凤"的家长往往束手无策，他们迫切希望从教师那里寻找到解决问题的"灵丹妙药"。如果教师能够及时地提供一些合理的建议，那么这将会增加家长对教师的感激和信任，从而更积极地配合教师的工作。

### （二）不卑不亢，以礼待人

很多幼儿园教师都比较年轻，特别是一些年轻教师刚刚毕业，在与家长沟通时往往没有自信。其实，面对家长时，不管对方是什么样的身份地位都要一视同仁。教师只要做到大方得体，不卑不亢，在与家长沟通时面带微笑，以礼待人，都会收到不错的效果。尤其在面对家长的指责这种特殊情况时，教师更要用自己的宽容大度礼貌应对，赢得家长的好感，最终消除误解和矛盾。

### （三）多给予赞赏和鼓励

赞扬幼儿、肯定家长是与家长交流的法宝。在每个家长的眼中，自己的孩子都是最好的、最棒的。在平时工作中，教师要多观察幼儿，当发现幼儿的点滴进步时就要及时反馈给家长。同时，在我们与家长交流的过程中，当家长谈到幼儿在家里的良好表现时，教师要及时或适时地对家长的良好教育方式给予肯定，这些都会给家长带来愉悦的心理体验，在这种良好体验的推动下，他们会更愿意支持幼儿园的工作。

特别注意避免横向比较，每个人都有自己的长处和短处，因此谈话时不要将其他幼儿与正在谈及的幼儿相比较，尤其不要将其他幼儿的长处与正在谈及的幼儿的短处相比较，这样会使家长对教师产生防备心理，觉得教师对他的孩子有看法，而与教师产生一定的隔阂。

### （四）有同理心，学会换位思考

现在幼儿多数是独生子女，幼儿入园意味着家长不仅把孩子交到教师手中，而且把期望与重托交予教师。但当实际情况与家长的期望出现偏差时，他们很有可能出现一些不满情绪。尤其是部分家庭百般呵护甚至娇纵孩子，潜意识里认为自己家的孩子比别人家的金贵，对幼儿园统一的、公平的管理模式产生不满情绪。比如，幼儿在家人的看护下不小心摔倒了，受点轻伤，家长会扶起孩子，提醒他以后小心，这种情况会很自然地过去。可如果在幼儿园出现此类事故，家长很可能会责备教师没有看护好孩子。每当有类似现象发生时，我们应以平和的心态换位思考、理解家长。很多时候家长是出于对幼儿的疼爱，才会产生不满情绪。而如果这个时候教师表现得若无其事，认为家长大惊小怪，那么，一件小事立即会使家长觉得教师对自己的孩子不够关心，对工作不够负责，进而影响家长与教师的关系，给家园沟通设置了障碍。教师应从家

学习笔记

长角度出发，首先致以歉意，向其真诚地说明情况，再以妥善的方式化解家长的抱怨，将矛盾点降到最低，以此获得家长对教师的信任。

### （五）善于倾听

无论教师具有多么丰富的实践经验和深厚的理论素养，他都不可能把复杂的教育工作做得十全十美。而且随着社会的发展，家长的整体水平也在不断提高，他们的许多见解值得教师学习和借鉴。因此，教师要虚心听取他们的建议，以改进自己的工作。这样做也会使家长觉得教师可亲可信，从而诚心诚意地支持和配合教师的工作。

## 单元2　掌握有效的亲师沟通技巧

每个人都具有最基本的沟通能力，但沟通能力有高有低。作为幼儿园教师，需要掌握一定的沟通技巧，使工作更顺畅，人际关系更和谐。所谓沟通技巧，是指通过书写、口头与肢体语言的媒介，有效地、明确地向他人表达自己的想法、感受与态度，亦能较快、正确地解读他人的信息，从而了解他人的想法、感受与态度。教师与家长在沟通过程中，除了要遵循最基本的沟通原则外，还需要掌握一定的沟通技巧，这些沟通技巧有时可能会收到意想不到的效果。

### 一、根据不同的家长选择不同的沟通方法

家长性格各异，有"急惊风"也有"慢郎中"，有主动型也有被动型，有年轻的父母，也有年长的爷爷奶奶。特别在面对老年人时，不少教师认为与他们的沟通比较困难，"隔代亲"让他们对教师的工作很挑剔，这个时候就需要教师区别对待，把握好不同家长的心理和性格特点，对不同类型的家长采取不同的沟通方式。

### （一）知识型家长

教师与知识型家长可以多讨论一些教育理念方面的内容，用科学稳妥的态度面对家长，用确实可信的理论依据分析幼儿的发展情况，用切实可行的教育策略赢得家长的信任。

### （二）长辈型家长

对于年龄比较大的长辈型的家长，教师要用尊敬的态度、较缓慢的语速以及先报喜后报忧的方式对待。一般情况下，隔代人对幼儿较骄

纵、宠爱，而且思想有些保守、固执，如果教师完全不顾及他的思维方式则很容易引起冲突和矛盾，不利于家长工作的顺利开展。

**相 关 链 接**

　　洋洋的姥姥每天来园不是说洋洋没吃饱，就是说水喝少了，哪个小朋友欺负她了，什么时候加衣服，什么时候减衣服了等。为了消除洋洋姥姥心中的担忧，每天离园时，老师都主动与孩子姥姥交流孩子在幼儿园的情况，喝了多少水，吃了多少饭，睡觉怎么样，参加活动怎么样等，以表扬为主，偶尔指出不足。老师积极的态度和方法感动了老人，现在洋洋的姥姥再送孩子入园时，不会不放心地提很多要求，遇到孩子情绪不好时，也非常信任地把孩子交给老师请老师做孩子的思想工作，对老师提出来的建议积极主动配合。可见，沟通一定要有针对性，要理解对方，要学会换位思考，考虑对方的需求。

### （三）期望过高型家长

　　与期望过高型家长沟通时，教师应多向他们说明幼儿的年龄特点，让其明白过高过急地要求只会适得其反，使幼儿丧失信心。比如，一些家长总是说"我的孩子都4岁了，怎么还有几个数字不认识，是不是太笨了"。教师在遇到这种情况时要耐心地跟家长解释，"这个年龄段的幼儿主要以形象思维为主，而数字或者符号对于孩子来说比较抽象，有些数字不认识也是很正常的，如果硬逼着孩子去死记硬背反倒会让孩子对数学失去兴趣，这就得不偿失了。"

*学习笔记*

### （四）放任自流型家长

　　放任自流型家长往往觉得"树大自然直"，觉得孩子还小，不必给孩子太多限制，从而导致孩子很没有规矩。与这类家长沟通时，教师应客观地评价幼儿，使家长全面地了解自己孩子的发展水平，让其明白"没有规矩不成方圆"，爱孩子不是纵容孩子，鼓励发展孩子的个性没有错，但一定要有原则。除常规沟通外，教师还可邀请家长参与开放日活动，让家长直观地了解孩子的在园情况，促使他们反思自己的教育态度，改变原有的教育观念。

### （五）甩手掌柜型家长

　　甩手掌柜型家长往往没有太多的教育理念，觉得把孩子送到幼儿园就是把孩子交给了教师，一切教育任务都是教师的。与这类家长沟通时，教师应向他们宣传家园合作的重要性，使家长明白家庭教育对幼儿的重要影响，从而主动承担教育责任。一方面，教师给他们提建议，告诉他们除了满足孩子的物质要求外，不能忽视孩子的精神营养；另一方面，教师争取与家长建立友谊，真诚地请他们支持幼儿园教育，共同为孩子的健康发展而努力。

另外，还有的家长比较关注孩子的发展，但不知道方法，整天向教师提出各种问题，这就需要教师工作有细心、耐心，同时需要教师广泛涉猎幼儿教育方面的知识，不断提升自己的专业能力。教师对自己不明确或不懂的问题，一定要谨慎回答，可告知家长自己还需要再了解一下再来回答他，而不能草率地给出建议。

有的家长将孩子送来幼儿园就是请教师当保姆看孩子，不跟教师交流沟通，不关心孩子的在园表现。对于这类家长，教师既要耐心地解答家长的问题，用简单易懂的语言指导家长配合幼儿园进行家园共育，也要及时主动地与家长沟通，逐渐转变家长的育儿观念。

教师需要在工作中勤于思考和实践，寻找与不同类型家长进行沟通的不同方式，为更好地实现家园共育寻求良好的途径。

## 二、不同情境下的亲师沟通策略

很多人只知道沟通的重要性，却不知道怎么沟通，沟通不只是说话，不是说得越多沟通就越好。幼儿园教师与家长的沟通需要根据不同的问题情境采用不同的沟通方式。

### （一）以交流幼儿情况为主的沟通策略

以交流幼儿情况为主的沟通，教师最好用具体的数据或语言进行表达，借助具体事件反映幼儿的表现，这样会让家长更容易理解幼儿的状况，感受到教师对幼儿的关注。笼统地说"很好，很聪明"，会让家长感觉到教师在应付自己，认为孩子是被忽视的。比如，教师可以具体地告诉家长"今天宝贝数学课上很主动地举手回答问题了，他说他的家里有 5 口人，爷爷奶奶爸爸妈妈还有他""今天孩子画的太阳，色彩很丰富，说明孩子在色彩感知和想象力方面比较突出"。

### （二）以反映幼儿问题为主的沟通策略

"人非圣贤，孰能无过"，更何况我们的教育对象是 3～6 岁的孩子，他们就是在不断犯错的过程中成长起来的。因此，教师在与家长交往的

学习笔记

过程中，难免要对家长或幼儿的错误行为提出批评，这是教师经常遇到的问题。那么，如何批评就成了教师需要掌握的技巧。

当幼儿做错事情时，教师与家长沟通时要遵循"一表扬二建议三希望"的原则。先把幼儿的优点、进步告诉家长，然后再耐心诚恳地指出问题所在、努力的方向，这样能使家长心平气和地接受教师对幼儿的评价，有利于沟通的成功。比如，"咱家宝贝在幼儿园里很喜欢参与各种活动，这是值得表扬的，如果多学习一些与人合作的方法，就更好了。相信经过正确的引导，他的合作能力会更强，也会更加优秀"。

另外，教师向家长反映幼儿的不良情况时，最好单独沟通。如果当着其他家长和幼儿的面进行交流，不管教师的态度多么温和，语气多么委婉，都可能会使家长感到难堪，容易造成教师和家长双方情绪上的对立，从而产生不良的后果。

## 典型案例

这天下午，小朋友们正在进行区域活动。当我巡视到建构区时，告状的声音忽然出现了。小宝委屈地对我说："张老师，飞飞把我造好的房子弄倒了。"我叫过飞飞想了解一下具体的情况，还没等我开口，飞飞就说："是我的积木不够了，我也想用他那个圆形的。"我说："你想用可以和别人商量啊，怎么能去抢呢？"此时，飞飞还不觉得是自己的错，一直强调自己这样做的理由。最近已经有好几个小朋友告状说飞飞抢他们的玩具，他的表现让我觉得我应该和他的妈妈好好交流一下。下午，飞飞的妈妈来接他。我马上上前，和飞飞妈妈打过招呼后和她交谈了一下近期飞飞在幼儿园的良好表现。飞飞妈妈很高兴听到老师表扬自己的孩子，也把他在家的好的和不好的表现敞开心扉和我聊了起来，我抓住这个机会把今天发生的事情告诉了她。飞飞妈妈也早就意识到了儿子的这个问题，正在发愁怎么才能让儿子改掉这个坏毛病。妈妈说："有时候我气起来就狠狠地打他一顿，打了会好一点，可是没过多久又是这样，真不知道该怎么办了。飞飞太调皮了，张老师你得好好管管。""一味地打是没有用的，其实飞飞是很聪明的，就是因为你们太忙了，没时间管他，要管的时候又太过严厉，所以，最好的方法就是你们多陪陪他，多和他讲道理，我们3位老师也会和你们配合，把飞飞的这个毛病改掉。"听了我的话，飞飞妈妈欣慰地笑了，并感谢老师们对飞飞的关心。

### （三）以布置工作为主的沟通策略

教师给家长交代工作任务，语言要言简意赅，任务要具体，要尽量让家长理解工作的目的，使家长心里清楚，以便更好地做好配合工作。

同时，教师在与家长沟通时要避免使用"你应该"或"你必须"这样命令性的字眼，而应该换用"如果方便的话，能否请你……"或"你认为怎样"这些婉转、协商性质的词语，只有这样家长才更乐意、也更容易接受我们的建议或任务。

### （四）幼儿在幼儿园出现事故时的沟通策略

幼儿在幼儿园可能会出现很多状况，最严重的就是事故。这种情况下，教师除了准确判断、及时送医、规范处理外，还要安抚好家长。首先，教师要勇于承认工作中的过失，诚恳地向家长表示歉意，赢得家长的理解。其次，教师要详细向家长反映事故情况，让家长清楚事实真相，减少家长因不在现场而带来的焦虑、担忧和不安全感。最后，教师和家长一起协商做好幼儿的康复工作，包括以后对幼儿伤口的观察、幼儿活动时的特殊照顾等，以此获得家长的谅解。

### （五）家长因误解情绪过激时的沟通策略

由于种种原因可能会让家长对幼儿园和教师产生误解，使家长情绪过激。在这种情况下，教师一定要理智，控制好自己的情绪，不要急于辩解，耐心等家长说完，然后再一一向家长解释，尽量避免与家长争执。教师不分场合与家长争执，只会让家长认为教师对自己的孩子或者对自己有偏见，或者认为教师是不负责任的，这样更不利于沟通。教师要从家长疼爱孩子的角度理解家长的心理，并从关爱孩子的角度谈论问题，这样更易于使家长接受。教师可以通过说"你说得很有道理。如果……""你的心情我能理解，你看这样如何"等先认可对方的立场、情绪，再提出建议的方法解决误会。对于蛮横不讲理的家长，教师要不卑不亢，理性地将事情解释清楚。

### 三、沟通中的非语言技巧

研究表明，交往信息中非语言交流占 55%，语气语调等占 38%，语言占 7%，因而与言语交流相配合的非语言交流特别重要。教师在与家长沟通的过程中，使用以下非语言技巧会取得更好的效果。

① 与家长沟通可选择站姿或坐姿，如果选择坐姿，最好选择"L"型或并排落座，尽量不要选择面对面落座方式。

② 与家长保持平行的目光交流，避免仰视、俯视的眼光或游离的眼神。

想一想

党的二十大报告提出，我们坚持人民至上、生命至上，最大限度保护了人民生命安全和身体健康。

假如幼儿园里出现了影响幼儿安全、健康的突发事件，我们应如何与家长沟通？

学习笔记

③ 用微笑、点头等表示对家长的尊重，用身体前倾、积极回应来表示对话题有兴趣，有时还要做记录，以免遗忘，同时显得郑重其事。

④ 注意力集中，不要边谈边干其他事情。

⑤ 和家长沟通前、沟通中要注意观察家长的情绪，当家长情绪不好时最好不要追着家长谈话，可等家长情绪好转时再沟通，这样沟通障碍将会减少。

无论运用何种方式、何种技巧与家长沟通，最为关键的是要以诚待人，以心换心，同时努力提高自己的道德修养和理论水平，这样才可以架起心与心的桥梁。

## 拓 展 学 习

### 教师常用文明用语

文明用语是教师与家长沟通的润滑油。教师与家长沟通时多使用文明用语，往往能收到事半功倍的效果，有利于拉近教师与家长的距离。

教师面向全体家长的文明用语如下。

1. 您的孩子最近表现很好，如果在以下几个方面改进一下，孩子的进步会更大。

2. 您有什么事情需要老师做吗？

3. 您有特别需要我们帮助的事情吗？

4. 这孩子太可爱了，老师和小朋友都很喜欢他。继续加油。

5. 谢谢您的理解，这是我们应该做的。

6. 您的孩子最近经常迟到，我担心他会错过许多有趣的活动，我们一起来帮他好吗？

7. 您的孩子最近没有来园，老师和小朋友都很想他，真希望早点见到他。

8. 请相信孩子的能力，他会做好的。

9. 幼儿园的食谱是营养配餐，为了他的身体健康，我们一起来帮他改掉挑食的习惯，让他吃饱吃好。

10. 近期我们要举行 ×× 活动，相信您的参与支持会使活动更精彩。

11. 幼儿园网站内容丰富多彩，欢迎您经常浏览，及时沟通。

面向个体家长推荐用语：

1. 请您不要着急，孩子偶尔犯错是难免的，我们一起来慢慢引导他。

2. 谢谢您的提醒！我查查看，了解清楚了再给您答复好吧！

3. 您有什么想法，我们可以坐下来谈谈，一切都是为了孩子好。

4. 孩子之间的问题可以让他们自己解决，放心吧，他们会成为好朋友的。

5.很抱歉，孩子受伤了，老师也很心疼，以后我们会更加关注他。

6.这件事由××负责，我可以帮您联系一下。

7.我们非常欣赏您这样直言不讳的家长，您的建议我们会考虑的。

8.您有这样的心情我很理解，等我们冷静下来再谈好吗？

### 👥 情 景 演 练

豆豆比较强势，只要一不高兴就会动手打人，最近已经有好几个小朋友告他的状了，刘老师决定和豆豆的爸爸谈一谈，大家一起情景演练一下吧！

### 思考与练习

1.使用合适的方式和你的老师进行一次沟通。

2.找个机会和你的亲戚或邻居聊聊他们家的孩子吧。

### 学 习 反 思

## 模块六　幼儿园教师的师幼沟通

### 学习目标

1. 理解师幼沟通的重要性，了解师幼沟通的常见问题。
2. 掌握师幼沟通的基本原则。
3. 学会在工作中灵活运用激励、启迪、劝慰幼儿的各种沟通策略。

### 学习重点与难点

◆ 学习重点

理解师幼有效沟通的重要性，了解师幼沟通的常见问题，掌握师幼沟通的基本原则。

◆ 学习难点

掌握师幼沟通的技巧与策略并能灵活运用。

### 我的问题

"现在的幼儿都很有个性，但是因为年龄的原因又不太会表达，与幼儿沟通真的很难。""幼儿在家里都是宝贝，有些幼儿被娇生惯养，情感脆弱，一句话说得不好，就闹情绪。怎么才能更好地进行教育引导呢？""幼儿的好奇心和探索欲很强，他们问的问题千奇百怪，有时真不知道怎么回答，和幼儿沟通真是个难题……"

学习笔记

## 单元1　师幼沟通的基本原则

师幼沟通是指教师与幼儿交流，在情感、认识上达成一致的过程，师幼间的有效沟通能缩短师幼间的距离，加深师幼间的了解，是建立和谐师幼关系的重要途径。在沟通中，幼儿能够感受到教师对他的关注、尊重，有一种被重视感，并有一种充分的被接纳感，感到自己为教师所关心、喜爱，从而得到一种安全和愉快的情绪体验。这种积极的情绪体验，有助于幼儿保持活泼、开朗的情绪。同时，教师在与幼儿的沟通中，能够及时了解幼儿的需求，给予幼儿适宜的指导与帮助。因此，教师与幼儿的有效沟通能使师幼间建立积极的相互信任的关系，能促进幼儿心理的健康发展。

日常工作中，教师要和幼儿达成有效的沟通并非易事。记得有人曾写过，"儿童说：'我们心灵的围墙有二十英尺①，成人的梯子只有十英尺，你们永远也无法走进我们的内心世界！'"那么，是什么让我们一直徘徊在幼儿的心门之外呢？要想走进幼儿的世界，我们又该如何超越这"十英尺的距离"呢？首先来了解一下师幼沟通中常见的几种情形。

情形一：当幼儿充满期待地想与教师分享心情的时候，教师只顾手头的事务，应付几句，或者干脆直接拒绝。

情形二：与幼儿沟通时不去解读幼儿的内心世界，只是将自己的想法一厢情愿地强加给幼儿，话语平淡、乏味，说教意味浓，命令语气居多。

情形三：放任自己的情绪，心情好的时候耐心地对待幼儿，心情不好的时候则懒得搭理幼儿。

情形四：出于对一些幼儿的刻板印象，回应时简单粗暴。如果"好孩子"来告"坏孩子"的状，教师往往会立刻责备"坏孩子"，甚至不容许"坏孩子"辩解；如果遇到"坏孩子"来告状，教师有时会选择不予理睬。

情形五：少数教师或少数幼儿霸占了话语权。有的教师习惯于自己讲、幼儿听，不给幼儿讲述自己见闻、表达自身感受的机会；有时只有少数幼儿拥有话语权，多数幼儿仅仅是看客，难以发出不同的声音。

总之，师幼在交流沟通中如果存在倾听、理解、认同等方面的障碍，那么这会严重影响师幼互动的质量。师幼关系绝不是一种教训与被教训、征服与被征服的关系，而是一种平等、尊重、融洽的关系。建立在这种关系基础上的沟通是开放的，富有情趣的，有利于拓展彼此的经验，启迪彼此的智慧。教师必须转变传统的角色意识，确立新的角色定位，以朋友的身份走进幼儿的世界。教师只有成为能和幼儿一起玩耍、分享快乐的同伴，幼儿才愿意敞开心扉和教师交流。在解决了教师观念上的问题之后，教师需要在师幼沟通中注意以下几个基本原则。

## 一、平等与尊重

任何方式的沟通都应该建立在平等与尊重的基础之上。如果离开了平等与尊重，那么沟通就无从谈起，也就失去了沟通的意义。成人之间

① 1英尺 =0.304 8 米.

学习笔记

如此，成人与幼儿之间亦是如此。

幼儿作为一个和成年人一样的独立个体，有自己的思想，有自己的独立人格。教师不仅要主动与幼儿沟通，坦诚地告诉幼儿自己的想法，而且要鼓励幼儿主动把自己的想法告诉教师，教师要尊重他们的意见，允许他们申辩、充分表达自己的看法或观点，这才是真正意义上的有效沟通。在具体行为上，我们可以采取一些行为来体现平等与尊重的原则，如教师出现错误时应向幼儿道歉；当幼儿帮助教师时，教师要及时说声"谢谢"等；在与幼儿进行交流与沟通时，教师最好采用蹲下去的姿势，让幼儿平视教师。

蹲下去，不仅会让幼儿感觉到教师对他的重视，与教师处于平等的位置，交流起来更能感觉到教师的关爱。蹲下去指的不仅是蹲下身体，而且是放下权威。教师在沟通前先让自己的思维"蹲下去"，想一想幼儿会喜欢什么，会遇到什么问题，会需要什么帮助；在沟通时，让自己的知识水平"蹲下去"，和幼儿一样充满好奇；当幼儿之间发生冲突时，让自己的权威"蹲下去"，与幼儿协商解决办法。

## 二、创设宽松的交流环境

想要获得和谐的师幼沟通过程，教师除了要把幼儿当成平等、独立的个体，热爱并尊重每个幼儿以外，还要给幼儿创设一个宽松的交流环境。

《幼儿园教育指导纲要（试行）》强调，幼儿园要创设一个自由、宽松的语言交往环境，支持、鼓励、吸引幼儿与教师、同伴或其他人交谈，体验语言交流的乐趣；鼓励幼儿大胆、清楚地表达自己的想法和感受。因此，教师必须树立新的教育观，尊重幼儿"说"的权利，还给幼儿"说"的自由，挖掘幼儿"说"的潜能，真正使幼儿成为"说"的主体。比如，聊天就是一个很好的交流方式，可以让幼儿在一种无拘无束的氛围中与教师直接进行面对面的交流，宽松的交流环境使幼儿感到自然，幼儿就会畅所欲言，师生关系就会更加融洽。

## 相关链接

请看下面一段师幼对话：由于家中有事，我请了假没去幼儿园，第二天一到班上，硕硕就过来了。

硕硕："老师，你昨天怎么没有来幼儿园啊？你生病了吗？"

老师："没有，我回老家了。"

硕硕："老家？我也有老家，我的老家在信阳，你的老家在哪儿？"

老师："我的老家在临颍。"

硕硕："临颍远吗？"

老师："不算太远。"

硕硕："那你回老家干什么呢？"

老师："我回去看我的妈妈啊。"

硕硕："老师也有妈妈吗？"

老师："是啊，每个人都有妈妈。"……

### 三、言语得体，榜样示范

3～6岁幼儿学习的主要途径就是模仿，教师的一言一行都是幼儿学习的目标，因此教师一定要做好榜样示范作用。

爱因斯坦说过："一个人的智力发展和他形成概念的方法在很大程度上是取决于语言的。"在语言方面，教师的语言是影响学生心灵的工具，是教师最主要的教学手段。教师的语言会影响幼儿思维能力的发展，影响幼儿语言能力的发展，影响幼儿审美能力的发展。学会使用语言，可以使教学更加生动，提高教学效率。幼儿园教师口语的特点有以下几点。

*学习笔记*

#### （一）明理启智

对幼儿来说，重要的不是灌输道德认识和道德观念，而是促进其道德情感的萌发。例如，学唱歌曲《分果果》时，教师可引导幼儿形成谦让的好习惯，养成心中有他人、尊重长辈的良好品德。

#### （二）简约规范

幼儿期正是学习语言的黄金时期，这一阶段，教师是幼儿模仿的对象和学习的榜样。教师的语言必须简洁、规范，如"现在，大家上床睡觉。"就不能说成"大家上床睡觉觉，现在。"

#### （三）直白具体

幼儿年龄小，只能按表面的意思理解教师的语言，所以教育口语的使用就必须具体、直白，这便于幼儿领会教育的目的。例如，幼儿做了错事，就应该说"这样做不对"，而不要说"你干的'好事'"。

**✒ 学习笔记**

### （四）语言儿童化

语言儿童化是指教师语言贴近儿童生活、符合儿童心理特征，富有儿童情感趣味。例如，教育幼儿使用礼貌用语"请"，教师就可以说："汽车来接熊猫了，小朋友们一起说'请熊猫上车'。"

对于幼儿来说，教师的语言具有很强的榜样性和示范性。因此除了要把握好以上的几个特点之外，还要讲究"五美"，即内容美、形式美、音色美、节奏美和情感美。

① 内容美。内容美取决于教学内容和教师个人。从教学内容看，一要真，二要善，三要美；从教师个人看，一要知，二要意，三要情。教学内容的真善美和教师的知意情互相渗透，支撑着教师语言内容美的大厦，教学内容的真善美是客体，呈相对静止状态，教师个人的知意情是主体，呈相对变动状态，教学内容必须通过教师个人的语言和无声语言表现出来。

② 形式美。形式美是指通过语法手段和修辞手段，做到准确、鲜明、生动。教师要注意运用形象、生动、轻松愉快的语言。例如，有些成人在与幼儿交谈时感觉困难主要就是因为他们的语言过于抽象、成人化。这样的语言对幼儿来说枯燥乏味、毫无意义，因此交谈会因幼儿的调皮或注意力转移而中断。幼儿思维的具体形象性决定了幼儿对语言形象化的要求，描述性强的形象化语言往往会给幼儿带来想象的快乐，也成为他们对语言幽默的最初认识。

### ⚙ 相关链接

一次我与一位爱生气的幼儿交谈，我告诉他："上班的时候，我看见一个红气球，圆鼓鼓的，在天上飘呀飘，突然，'砰'的一声，气球爆炸了，碎成一片一片落了下来。我看你的肚子就有点像那个气球，有那么多的气是不是也快爆炸了？"他笑了起来。我又说："当然你的肚子不会爆炸，不过有这么多的气在里面，身体就要生病了，快把气吐出来吧！"他接受了我的"治疗"，又高兴起来。简短的一次谈话就这样让幼儿的情绪由紧张不安得以舒缓。

有一次，吃完点心后天天在走廊里"嘿哈嘿哈"地舞动着手臂，脸上堆满了笑意。见我经过，他突然张开双臂拦住了我的去路。"嘿，我是孙悟空。你这个蜘蛛精，我要替天行道！"我心中一动，双手合十，道："悟空，你看错了，我是唐僧。"天天把手缩了回去，说："啊，师傅，有什么吩咐吗？"我继续慢条斯理地说："师傅想请你把这些石块移到花果山上去。"天天双手作揖，高兴地说："遵命。"于是，他兴致勃勃地帮我把几张桌子从走廊搬进了活动室。

在上述情景中，教师不仅没有粗鲁地打断幼儿的游戏，而且巧妙地加入了游戏，获得了幼儿的认可。

③ 音色美。说话要"甜"一点，语音要"正"一些，语调要丰富一点。音色美需要教师学会打开口腔，美化音色，学会吐字归音。

④ 节奏美。节奏是指语速的快慢，语调的抑扬顿挫，语气的轻重缓急。

⑤ 情感美。教师情感的喜、怒、哀、乐要表之于语言。情感丰富，可以讲得眉飞色舞，生动传神。

在日常工作中，首先，教师要坚持讲普通话。3～6岁正是幼儿语言发展的关键期，教师在和幼儿交流时要使用标准的普通话。其次，教师要使用文明用语，如"您好""请""谢谢""对不起""没关系"等。最后，教师还要注意语气与语调。说话时注意语气不要生硬，语调不可过分高扬或低沉，否则会让幼儿产生逃避心理，造成交谈双方的紧张局面。教师不妨面带笑容，语气轻柔，语调缓和，营造良好的交谈氛围。

**四、用心倾听，积极回应**

《幼儿园教育指导纲要（试行）》强调，建立良好的师生同伴关系，让幼儿在集体生活中感到温暖，心情愉快，形成安全感、信任感。教师应成为幼儿学习活动的支持者、合作者、引导者，关注幼儿在活动中的表现和反应，敏感地察觉他们的需要，及时以适当的方式应答，形成合作探究式的师生互动。

良好的沟通，需要耐心地聆听，了解对方的感受和需要。特别是对幼儿的情绪问题及行为问题，不要急着做出判断和评价，而应该采取一种宽容的态度，在充分理解幼儿的基础上进行沟通。

**典型案例**

美术课上，孩子们正在画画，这时候一个小朋友指着贝贝的画说："老师，你看贝贝画的是什么呀？黑乎乎的一片。""这是我爸爸""你画的真难看""就是，真难看"。小朋友们你一言我一语的说着，贝贝难过得哭了起来。张老师走过去拿起贝贝的画，确实，画上贝贝爸爸的脸被黑色的油画棒涂得黑黑的，所有五官都看不出来。"贝贝，爸爸的脸为什么是黑的啊？"老师问道。

学习笔记

"爸爸去救火，脸就是黑的。"贝贝委屈地说。原来，贝贝的爸爸是消防员，有一次贝贝看到执行完任务的爸爸脸上都是黑黑的，所以才这样画的。老师听完贝贝的解释，专门请全班小朋友来欣赏贝贝的画，并且讲了消防员叔叔英勇救火的故事，小朋友听了之后都给贝贝竖起了大拇指，并说"贝贝的爸爸是英雄，真帅！"贝贝开心地笑了。

　　我们要想了解幼儿，就要多倾听幼儿的想法，了解背后的真实原因，走进他们的世界，从幼儿的角度去思考问题，同时教师还要给予积极的回应。如果教师敷衍了事或者有事走开不再关注，幼儿就会觉得教师不在乎他，久而久之就会疏远和教师的关系，有事情也不愿意向教师倾诉。

### 相关链接

　　户外活动快要结束了，幼儿准备回教室，这时一个小女孩蹦蹦跳跳地来到老师的跟前，说："老师，送给你一个礼物。"老师说："什么礼物啊？"女孩儿说："你伸出手。"老师把手伸开，女孩儿小心翼翼地从自己的手掌心拿出一个很小的亮片片，又很小心地捏起来放在教师的手心里，说："老师，漂亮吧，送给你了。"老师很惊喜地说："真漂亮，像星星一样，一闪一闪的，我得好好放着。"她很满足地看着老师，颇有成就感地说："下次我再送给你一个更漂亮的。"

　　对于成年人来说，这一个小小的亮片片真的不算什么，可是对于幼儿来说，这就是最珍贵的礼物。如果对幼儿的礼物不屑一顾或者随口敷衍过去，那么可能就伤害了他那颗纯真的心。

## 单元2　练就激励、启迪、劝慰幼儿的能力

　　3～6岁幼儿的口语表达能力正处在迅速发展的时期，因此，教师要给幼儿创设一个想说、敢说、愿意说，并能得到积极回应的良好的语言环境，在幼儿遇到问题时能够使用一些合适的方法和策略去激励、启迪、劝慰幼儿。

### 一、练就激励、启迪幼儿的能力

#### （一）多用肯定、鼓励的语言

　　幼儿对自我的评价很不完整，常常以教师、家长的评价作为自己对自己行为的判断。教师和家长的赞美、鼓励之词无疑会成为他们交谈的动力。

**典型案例**

一个新入园的女孩子，第一次见到老师时是一副怯生生的样子，老师问她叫什么名字，她羞红了脸，轻声说："妍妍。"教师说："多好听的名字，你的声音也很好听。"她偷偷地笑了。又一次，她穿了一条小花裙，见面后老师马上赞美道："你今天真漂亮，像个小公主！"她又笑了，高兴地告诉老师，这是妈妈给她的生日礼物。以后，老师和妍妍的交谈多了，妍妍说话的声音也大了，当她说话的句子中出现了一个新词，教师都会鼓励她，渐渐地，她越来越喜欢和老师交谈了，而且每次都很主动。

### （二）允许说错

幼儿说错不可避免。有的是因为表达和思维发展的不均衡而表现出的词不达意；有的是一时的思路不畅而表现出的结结巴巴；有的是注意力转移而答非所问……面对这些情况，教师应采取宽容的态度。"犯错是孩子的权利"，教师此时的耐心倾听、目光亲切、言语鼓励，会使幼儿始终处于一种自由放松的状态，消除一切胆怯、烦恼，尽情地释放自己的潜能。

### （三）学会等待

在师幼沟通中，教师有的时候会过于急躁，很少考虑时机是否合适，常常过早介入，不断追问："为什么？怎么了？怎么搞的？""你说话呀！怎么不说呀？"……这类隐含不满情绪的追问让幼儿有话也不肯说、不想说了，从而导致沟通的终止。当幼儿不愿开口的时候，教师应选择等待，给幼儿时间，并鼓励幼儿主动来找教师沟通。

*学习笔记*

**典型案例**

甜豆是个漂亮的小姑娘，她6岁了，一双大眼睛忽闪忽闪的，可是因为生理原因语言能力发展非常迟缓。记得有一次上课，从不举手回答问题的她把手举了起来，老师看到后马上叫了她的名字，可是她站起来后只是微笑地看着老师，一句话也不说。这时，班上的小朋友说："老师，甜豆不会说话。"老师看到她由于紧张而用手搓着衣角，马上对班上的小朋友说："甜豆会说话，只是她还不想说，甜豆，等你想好了再告诉我好吗？"她点点头坐下了。后来她的妈妈很激动地告诉老师，甜豆竟然在家中清晰地说出了一句话："我喜欢我的老师！"

学习笔记

### (四) 鼓励创新

别林斯基说:"学生如果把教师作为一个范本而不作为对手,那他就永远不可能青出于蓝而胜于蓝。"因此,教师应允许幼儿充分表达自己真实的想法,说自己想说的话。例如,听完故事《三只蝴蝶》后,大部分幼儿都认为,三只蝴蝶相亲相爱,从不分开,应该向它们学习。而一个小朋友说:"下雨的时候,红蝴蝶应该躲到红花下面,黄蝴蝶躲到黄花下面,白蝴蝶躲到白花下面,等雨停了以后,再一起玩。"对此,教师要对幼儿不同的想法给予充分的肯定与鼓励,为孩子创设敢于表达的环境。

## 二、掌握劝慰幼儿的策略

### (一) 拥有同理心

拥有同理心是进行良好沟通的重要条件。师幼要达成积极有效的沟通,需要教师从幼儿的角度去看幼儿的世界,体会幼儿的心情,思考发生在幼儿身上的一切。

### 典型案例

一天早晨,芸芸妈妈当着芸芸的面向老师告状,责备芸芸昨天回家路上遇见妈妈同事时不肯开口叫人。听完芸芸妈妈的讲述,老师发现芸芸的情绪很低落。于是,我请芸芸妈妈到门外稍等,只留自己和芸芸在活动室里。老师将芸芸拉进怀里,注视着她的眼睛,轻轻地说:"我知道,芸芸不是不愿意叫人,你叫了,是在心里小声叫的。街上人太多,你感到不好意思了,对吗?"听完老师的话,芸芸"哇"的一声大哭起来,扑到老师怀里,使劲点着头,老师紧紧把她抱在了怀里。接着,老师鼓励她有什么心里话要主动告诉别人,不然别人会不知道。后来,老师和芸芸妈妈进行了沟通,尝试让她了解孩子的心理。

在生活中,成人往往用自己的标准去要求幼儿,如孩子不肯叫人,就武断地指责他没礼貌,却不去了解幼儿内心的真实想法。这其实是对幼儿的不尊重。他们有一颗敏感的心,十分在意教师和同伴对自己的态度。因此,教师只有用一颗宽容的心去理解他们,才能走进他们的世界。

### (二) 用身体语言拉近距离

教师适当地使用积极的表情和身体语言更能拉近与幼儿的距离,这些非语言形式能使幼儿从细枝末节的地方感知教师的温情,进而愿意与教师沟通。

### 1. 微　笑

"妈妈，老师今天对我笑了。"教师的笑容是一道风景，这道风景灿烂了幼儿的成长岁月，使幼儿园的生活增添了温暖、幸福的色调。教师的一个鼓励的笑容能让幼儿勇气大增，一个安慰的笑容能抚慰幼儿的情绪，一个赞扬的微笑能让他愉悦一整天。（图6-1）

图6-1

### 2. 注　视

有经验的教师通常能够用目光来和幼儿进行交流，因为目光的接触本身就是一种交流和沟通。在运用眼神与幼儿沟通时，教师的眼光要与幼儿直接接触，幼儿能通过教师的一个眼神明白教师要说什么。教师要使每个幼儿的眼光都注视着自己，视线要能关注到所有的幼儿。（图6-2）

图6-2

### 3. 爱　抚

从心理学角度看，幼儿期有对肢体触摸的需求，来自教师的爱抚，隐含一种亲情式的眷顾，教师的一个细微动作，摸一摸幼儿的脸、抚一抚幼儿的头、拉一拉幼儿的手，这些很容易让幼儿一下子消除与教师的隔阂，增加对教师的亲近感和信任感。（图6-3）

图6-3

### 4. 拥　抱

当幼儿有话想向教师倾诉时，教师不妨蹲下来，拥他入怀，这是与幼儿交谈的最佳姿势，没有距离，没有居高临下，幼儿会说许多你想不到的话。所以，在上课时，教师最好采用蹲的姿势和幼儿交流，特别是对那些比较胆小的幼儿来说，教师的这一姿势能使他们没有压力，即便他不能很好地回答教师的提问，也不会因此而感到害怕，这样可以消除和幼儿之间的距离。（图6-4）

教师与幼儿的拥抱、牵手等，看似一个小动作，但对幼儿来说都是莫大的安慰，我们发现有时身体语言在沟通中的作用会胜过千言万语。

图6-4

### 典型案例

这几天，老师发现班上的茜茜情绪有些低落，原本很活泼的孩子，现在连参加游戏也不积极了。户外活动时，幼儿们玩老鹰捉小鸡的游戏，老师请她来当老鹰，可是她并不情愿，怎么回事呢？老师把茜茜叫到了身边，摸摸她的头问："茜茜，你不舒服吗？"她回答道："没有。"老师说："那怎么不高兴啊？谁惹你生气了吗？"她听老师一说，低下了头，靠在了老师的怀里，说："老师，妈妈不要我了。"教师说："茜茜这么懂事，这么可爱，妈妈怎么会不要呢，妈妈最喜欢的就是茜茜啊！"茜茜说："可是爸爸说妈妈不回来了。"她说着眼眶里就噙满了泪水，老师把茜茜搂在了怀里，一边帮她擦眼泪一边安慰。过了一会儿，茜茜的情绪好转了许多，老师安排她回到了游戏中。晚上，老师立即将茜茜的情绪表现与家长进行了交流。

除此以外，恰当地运用手势、体态、表情等非语言形式，能吸引幼儿的注意力，调动幼儿的情绪，使交谈更富有情趣。例如，对幼儿表示称赞，教师可以伸出大拇指；在表达同情时，可以借助抚摸的动作；在讲述幽默的故事时，可以做出滑稽的样子；表示关注时，可以用眼睛的凝视给幼儿以鼓励和支持……

#### （三）保护自尊心

幼儿虽小，但他们也有很强的自尊心。教师说话时若稍不注意就有可能伤害他们的自尊心，给他们的心灵带来或多或少的一些消极的影响。所以，教师与幼儿说话时应尽量注意保护幼儿的自尊心。

例如，小班的幼儿偶尔尿裤子是很正常的，但有些幼儿尿了裤子不愿意告诉老师，担心被老师批评，班上的其他小朋友也会笑话自己尿了裤子，被大家笑话很没面子，所以自己只能忍着。如果我们能多为幼儿考虑一下，照顾幼儿的感受，蹲下来亲切地、轻声地说一句："没关系，老师小的时候也尿裤子呢，来，我们悄悄地去休息室换上干净的裤子。"这样，幼儿就会打消顾虑，勇敢承认，并且他们还会对教师产生亲切感和信任感。

#### （四）妙用询问式语言

妙用询问式语言是指教师在与幼儿交谈时要巧妙地使用一些语气词，如吗、吧、啊、呢等，要注意语气的委婉、亲切、温柔，使幼儿在听话时仍感到自己是被人尊重的，进而幼儿就更愿意接受教师的意见。例如，当幼儿做错事情时，有些教师常常会说："你怎么可以这样做！

你这种行为是错误的！"说这样的话其实是很伤幼儿自尊的，而且也达不到教育的目的。如果使用"你觉得这样做对吗？你再想一想好吗？"这样的表达就不那么咄咄逼人，更容易与幼儿沟通，也易于为幼儿所接受。比如，当幼儿不愿意帮教师收玩具时，教师可以说："你可以帮我一下吗？"以此来得到幼儿的帮助，锻炼幼儿，而不能以命令的口气说："快点，帮老师收玩具！"；当幼儿在美工角活动时，为了防止幼儿乱扔纸屑，教师可以委婉地提醒幼儿："你们需要一个垃圾筐吗？"这样，幼儿就会清楚地意识到要把纸屑扔到垃圾筐里，而不能扔在地上。但教师如果直接说："不许把纸扔在地上"，则很难达到预想的效果。所以，应常说："能不能""我们一起来好吗？""你说应该怎样呢？""你先试试看，如果需要帮忙就叫我。""你可以帮我一下吗？"，等等。

### （五）批评幼儿要降低声调

低声调可以使人更理智、情绪更平和，也可使幼儿抵触、逆反的心理防线有所松弛，有利于双方沟通。低声批评幼儿，不仅可以集中对方的听力，而且也做出了榜样，不让幼儿使用高声调。生活中常看到家长高声责骂孩子，孩子反抗的声音也不低，双方的情绪越来越激动，最后惹得大人一肚子气，孩子也不服气。因此，教师在对幼儿批评教育时最好降低声调，温柔的坚持，同时运用恰当的语气和措辞，如"我爱你，但是你的行为我不能接受"等，这样的教育效果会更好。

### （六）考虑个体差异

教师语言的选择和运用必须考虑幼儿现有的语言接受能力以及幼儿之间的个体差异。比如，对性格不同的幼儿就应使用不同的语言表达方式：对于比较内向、较为敏感，心理承受能力较差的幼儿，教师应更多地采用亲切的语调，关怀的语气对他们说话，以消除幼儿紧张的心理；对反应较慢的幼儿，教师要有耐心，在语速上要适当地放慢一些；对脾气较急的幼儿，教师的语调要显得沉稳，语速适中，使幼儿的急躁情绪得以缓和。再如，对刚入园的小班幼儿要多使用儿童化、拟人化的语言，将一些无生命的东西赋予生命来吸引幼儿的注意；而对略大一些的中、大班幼儿则要注意语言的坚定和亲切。总之，对不同的幼儿，教师应采用不同的语言表达方式，因人用语，因人施教，使每个幼儿在其原有水平的基础上得到发展。

学习笔记

总之，师幼沟通应该贯穿在每一个教育环节、每一个教学活动以及幼儿在园的每个生活活动中。在师幼沟通中，我们要学会蹲下去说话，抱起来交流，牵着手教育。蹲下去说话是一种尊重和换位思考，试着以幼儿的视角去看待世界和问题。抱起来交流是一种接纳，教师可能不认同幼儿的行为，但教师永远爱幼儿。牵着手教育是一种身体力行的榜样示范，要求幼儿做到的，我们要先做到，所谓"其身正，不令而行；其身不正，虽令不从。"师幼沟通要求教师要有一颗爱心，充分地尊重幼儿，关心幼儿。沟通的契机不断闪现在教师和幼儿之间，相信教师会以良好的沟通意识去捕捉，以艺术的沟通技巧去把握。

## 拓展学习

### 《3-6岁儿童学习与发展指南》
### ——语言领域

#### 倾听与表达

**目标1 认真听并能听懂常用语言**

| 3～4岁 | 4～5岁 | 5～6岁 |
| --- | --- | --- |
| 1. 别人对自己说话时能注意听并做出回应。<br>2. 能听懂日常会话。 | 1. 在群体中能有意识地听与自己有关的信息。<br>2. 能结合情境感受到不同语气、语调所表达的不同意思。<br>3. 方言地区和少数民族幼儿能基本听懂普通话。 | 1. 在集体中能注意听老师或其他人讲话。<br>2. 听不懂或有疑问时能主动提问。<br>3. 能结合情境理解一些表示因果、假设等相对复杂的句子。 |

教育建议：

1. 多给幼儿提供倾听和交谈的机会。例如，经常和幼儿一起谈论他感兴趣的话题，或一起看图书、讲故事。

2. 引导幼儿学会认真倾听。例如，成人要耐心倾听别人（包括幼儿）的讲话，等别人讲完再表达自己的观点；与幼儿交谈时，要用幼儿能听得懂的语言；对幼儿提要求和布置任务时要求他注意听，鼓励他主动提问。

3. 对幼儿讲话时，注意结合情境使用丰富的语言，以便于幼儿理解。例如，说话时注意语气、语调，让幼儿感受语气、语调的作用；对幼儿的不合理要求以比较坚定的语气表示不同意；讲故事时，尽量把故事人物高兴、悲伤的心情用不同的语气、语调表现出来；根据幼儿的理解水平有意识地使用一些反映因果、假设、条件等关系的句子。

**目标 2　愿意讲话并能清楚地表达**

| 3～4岁 | 4～5岁 | 5～6岁 |
|---|---|---|
| 1. 愿意在熟悉的人面前说话，能大方地与人打招呼。<br>2. 基本会说本民族或本地区的语言。<br>3. 愿意表达自己的需要和想法，必要时能配以手势动作。<br>4. 能口齿清楚地说儿歌、童谣或复述简短的故事。 | 1. 愿意与他人交谈，喜欢谈论自己感兴趣的话题。<br>2. 会说本民族或本地区的语言，基本会说普通话。少数民族聚居地区幼儿会用普通话进行日常会话。<br>3. 能基本完整地讲述自己的所见所闻和经历的事情。<br>4. 讲述比较连贯。 | 1. 愿意与他人讨论问题，敢在众人面前说话。<br>2. 会说本民族或本地区的语言和普通话，发音正确清晰。少数民族聚居地区幼儿基本会说普通话。<br>3. 能有序、连贯、清楚地讲述一件事情。<br>4. 讲述时能使用常见的形容词、同义词等，语言比较生动。 |

教育建议：

1. 为幼儿创造说话的机会并体验语言交往的乐趣。例如，每天有足够的时间与幼儿交谈，如谈论他感兴趣的话题，询问和听取他对自己事情的意见等；尊重和接纳幼儿的说话方式，无论幼儿的表达水平如何，都应认真地倾听并给予积极的回应；鼓励和支持幼儿与同伴一起玩耍、交谈，相互讲述见闻、趣事或看过的图书、动画片等；方言和少数民族地区应积极为幼儿创设用普通话交流的语言环境。

2. 引导幼儿清楚地表达。例如，和幼儿讲话时，成人自身的语言要清楚、简洁；当幼儿因为急于表达而说不清楚的时候，提醒他不要着急，慢慢说；同时要耐心倾听，给予必要的补充，帮助他理清思路并清晰地说出来。

**目标 3　具有文明的语言习惯**

| 3～4岁 | 4～5岁 | 5～6岁 |
|---|---|---|
| 1. 与别人讲话时知道眼睛要看着对方。<br>2. 说话自然，声音大小适中。<br>3. 能在成人的提醒下使用恰当的礼貌用语。 | 1. 别人对自己讲话时能回应。<br>2. 能根据场合调节自己说话声音的大小。<br>3. 能主动使用礼貌用语，不说脏话、粗话。 | 1. 别人讲话时能积极主动地回应。<br>2. 能根据谈话对象和需要，调整说话的语气。<br>3. 懂得按次序轮流讲话，不随意打断别人。<br>4. 能依据所处情境使用恰当的语言。如在别人难过时会用恰当的语言表示安慰。 |

教育建议：

1. 成人注意语言文明，为幼儿做出表率。例如，与他人交谈时，认真倾听，使用礼貌用语；在公共场合不大声说话，不说脏话、粗话；幼儿表达意见时，成人可蹲下来，眼睛平视幼儿，耐心听他把话说完。

2. 帮助幼儿养成良好的语言行为习惯。例如，结合情境提醒幼儿一些必要的交流礼节，如对长辈说话要有礼貌，客人来访时要打招呼，得到帮助时要说"谢谢"等；提醒幼儿遵守集体生活的语言规则，如轮流发言，不随意打断别人讲话等；提醒幼儿注意公共场所的语言文明，如不大声喧哗。

### 情景演练

远远是个很活泼的小男孩，他总是很用力地去抱喜欢的小朋友。有时为了引起别人的注意他还会故意去推别人，今天，又有小朋友来告他的状了。你会跟远远和这个小朋友说什么呢？

### 思考与练习

1. 运用不同的非语言形式和幼儿沟通一下吧。
2. 试着和你碰到的幼儿聊聊他的爱好。

### 学习反思

## 模块七　幼儿园教师的师师沟通

学习目标

### ◆ 学习重点与难点

1. 掌握师师沟通的原则。
2. 学习师师沟通的基本方法。

◆ 学习重点
了解师师的沟通原则。
◆ 学习难点
在实际工作中较好地运用上下级沟通方法、赞美别人的技巧以及拒绝和说服别人的方法。

### 我 的 问 题

"我在和同事相处的时候，遇到自己不愿意做的事却不知道怎么拒绝，有时一看到领导就不知道说什么，只想绕着走，怎么办呢？"

## 单元1　师师沟通的基本原则

学习笔记

幼儿园教师以女性居多，同性之间的沟通和交流会有很多共同点，相对来说比较容易，但也会出现一些问题，如说长道短、"八卦"、攀比等。因此，教师之间的沟通要注意把握好以下几个原则。

### 一、平等尊重

平等和尊重是交谈的基础，同事之间交往的言行举止要得当。静时常思己过，闲时莫论人非。不要打听别人的私事，开玩笑要有分寸，要分场合。

### 二、热情主动

同事之间见面要主动问候，可以说"你好"，也可以点头微笑，但千万不能忽视对方或像没有看见一样直接走过去。工作中，如果教师把快乐的情绪带给同事，那么周围的人都会有好心情，工作起来也会轻松开心，同时也会让自己收获大家的好感。

### 三、学会欣赏

"三人行，必有我师"，教师要善于向同事学习。"择其善者而从之，其不善者而改之。"多从他人身上寻找优点，吸收学习，对于他人的缺点多宽容、理解。

幼儿园里女教师居多，普遍年轻化，因此在赞美时可以夸赞其着装得体，肤色好等，也可夸赞其工作能力强，班级管理工作做得好等。

工作中难免会遇到升职、评定职称或者评选先进等事情。这时候一定要保持平常心，一定要用欣赏的眼光去看待同事，要由衷地赞美祝贺而不是嫉妒排斥。当然，当自己取得了成绩，有了高兴的事情时，要真诚地与同事分享，而不是炫耀。

### 四、对待分歧，求同存异

人与人之间往往由于经历、阅历、立场、家庭环境、受教育程度等方面的差异，对同一个问题，会产生不同的看法。同事之间因为工作原因发生分歧时，不要过分争论，不能强求他人接受你的观点，不能拿自己的观点和标准去要求别人。面对问题，特别是在发生分歧时要努力寻找共同点，争取求大同存小异。

在发生矛盾时，要宽容忍让，学会道歉。同事之间由于工作关系，难免会出现一些磕磕碰碰。如果不及时妥善处理，小摩擦就会形成大矛盾。此时，一定要保持冷静，要主动忍让，勇于剖析自己，换位思考，避免矛盾激化。如果自己的做法确实欠妥，有错在先，一定要学会道歉，以诚心感人。一切以大局为重，以工作为中心，不计较小利益的得失，各退一步，海阔天空。

### 五、善于倾听，保守秘密

善于倾听是增加亲和力的重要因素。当同事的家庭、生活、工作出现麻烦而心情不愉快向你倾诉时，你一定要认真倾听，成为同事最真诚的倾听者。同时要保守秘密，同事愿意把自己的事情告诉你，是对你的信任，千万不能八卦，四处散播。

## 典型案例

小张老师和王老师是好朋友，最近小张老师心情很不好，原来是和男朋友闹别扭了。这天，小张老师下班约王老师去散步，聊着聊着就说到了男朋友要和她分手，王老师赶紧安慰她"不要把自己的幸福拴在一个人身上……"经过这一番倾诉，小张老师的心情好多了，可她没有想到第二天就有人问她"是不是分手了？"并且看她的眼光也不一样，小张老师气呼呼地去找王老师……

## 单元 2　掌握师师沟通的基本方法

在幼儿园中除了教师之间的沟通和交流外，还存在上下级之间的沟通。一般情况下，人们在跟与自己同等级、同层次的人谈话时，表现比较正常，行为举止会很自然、大方。但是，在与比自己地位高的人交往时，自己就可能感到紧张，表现比较拘谨，并且自卑感强；而在与社会地位低于自己的人谈话时，自己就会比较自如、自信。因此，上下级之间交谈，上级要力求避免以命令、训斥、驱使下级的口吻说话，要放下架子，以平易近人的方式对待下级，这样才会使下级对你敞开心扉；下级与上级谈话，也要做到在尊重领导的同时不卑不亢。谈话是双方共同进行的活动，只有感情上沟通，才谈得上信息的顺畅交流。

**我的任务**

通过实训，结合实际工作，学会上行沟通、平行沟通和下行沟通的方法。

### 一、上级对下级沟通时的方法

#### （一）平等的态度

平等的态度除能通过说话的内容表现出来之外，还可以通过语气、语调、表情、动作等体现出来。所以，领导者不要以为态度是小节不会影响上下级之间的谈话，实际上，这往往会影响上下级关系，影响沟通的有效性，影响领导工作的效率。上级同下级交谈时，不妨先与下级拉几句家常，以消除下级的拘束感。在谈话时，领导者不宜断然做出否定的表态，注意不要脱口而出："你们这是怎么搞的？""有你们这样做工作的吗？"在发表评论时，领导要注意掌握分寸，因为点个头、摇个头都可能会被人看作上级的"指示"而贯彻下去。所以，轻率的表态或过于绝对的评价都容易产生失误。

**学习笔记**

#### （二）商讨式的语气

上级认为下级的汇报中有什么不妥时，表达更要谨慎，尽可能采用劝告或建议性的措辞："对这个问题有人会不会有别的看法？比如……""这是我个人的意见，你们可以参考。""建议你们看看最近到的一份材料，看看会不会有什么启发。"这些话会起到一种启发作用，但主动权仍在下级手中，下级比较容易接受。

### （三）批评有分寸

上级有时为了工作不得不批评下级。上级在批评下级时，不可过于严厉。面对一些小问题，对于稍有常识或自尊心的人，上级只要做适当提醒，就足以让其知道事情的严重性。对于那些即使犯了错误也认为"没什么大不了"或是"只要不说，就假装什么也没有发生"的下级，就要严肃批评，清楚地告诫他们不能有这种想法。一次严厉的批评之后，上级还要适时给予安慰，让沮丧万分的下级有重新振作的勇气。同时注意，安慰要得法，不能让下级以为是领导后悔了。批评与安慰之间，最好保持一段适当的时间，让下级有足够的时间反思自己的错误。

### 二、下级与上级沟通的方法

下级跟上级谈话，不只影响上级对下级的印象，有时甚至会影响下级的工作和前途。下级在与上级交谈时，要注意以下礼节。

第一，下级与上级谈话，要避免采用过分胆小、拘谨、谦恭、服从甚至唯唯诺诺的态度，做到不卑不亢、从容自然，要有个人主见，不能一味附和。下级既不可锋芒毕露、咄咄逼人，也不能哗众取宠、低三下四。

第二，下级和上级谈话时要简明扼要，条理清晰，谦虚谨慎，不用抽象的、使人难解的词语与之交谈，更不能咬文嚼字、卖弄才学。

第三，下级认真倾听，不能左顾右盼，心不在焉，更不能随意插话与打断，必要时进行记录。

第四，下级掌握汇报工作的方式和方法。①遵守时间，不能失约。②敲门并得到允许后方可进门。③用语准确，句子简练。④语速适中，音量适度。⑤汇报时间不宜过长。⑥实事求是，有喜报喜，有忧报忧。⑦汇报结束后，不能匆匆离开，应礼貌再见。

第五，下级给上级提意见和建议时，要讲究方式，方法。"金无足赤，人无完人"。上级也有说错、办错的时候，下级应讲究提意见或建议的方式、方法，这样既能达到目的，又不使上级反感或恼怒。下级对上级的失误不能采取消极态度，应出于公心敢于陈谏。但是要注意以下几点。①选择适当的场合。②利用适当的时机。③采取适当的方式。④不要急于否定。⑤要因人而异。

上下级的沟通除遵循一般礼节外，还要注意把握与对方谈话的场所、时机，以及对方的心情等因素，努力使上下级的沟通顺畅、自然，做到上情下达，下情上传。

### 三、赞美别人的艺术

"人类本性上最深的企图之一是期望被赞美、钦佩、尊重。"美国著名心理学家威廉·詹姆斯这样说。可见，被赞美是人的内心深处的一种基本需求。真诚赞美别人也是自己进步的开端。自己只有抱着开朗、乐观的态度面对生活时，才能被别人的优点和长处吸引；只有当心胸开阔，对人对己有足够信心的时候，才能由衷地赞美别人。在日常生活中，要多发现、寻找别人值得称赞的地方，只要发自内心，就会收到赞美之效。卡耐基在《人性的弱点》中写了一个他曾经历过的故事：一天，他去邮局寄挂号信，办事员服务态度很差，很不耐烦。当卡耐基把信件递给他称重时，说："真希望我也有你这样美丽的头发。"听到此言，办事员惊讶地看了看卡耐基，脸上露出微笑，服务变得热情多了。

赞美不仅给别人的生活带来了阳光，而且给自己的生活带来了更多快乐。那么如何才能更好地发挥赞美的效果呢？

#### （一）赞美要真诚

赞美要发自真心，不能为了夸奖而夸奖。虽然人人都喜欢听赞美的话，但并非任何赞美都能使对方高兴。能引起对方好感的只能是那些基于事实、发自内心的赞美。相反，你若无凭无据、虚情假意地赞美别人，对方不仅会感到莫名其妙，而且会觉得你油嘴滑舌、假意奉承。例如，当你见到一位其貌不扬的女士，却偏要对她说："你真是美极了。"对方可能会觉得这是违心之言。但如果你着眼于她的服饰、谈吐、举止，发现她这些方面的出众之处并真诚地赞美，她一定会高兴地接受。一句平常的体己话，一句发自内心的由衷赞美，会让人精神愉悦，信心倍增。漫不经心地对对方说上一千句赞扬的话，等于白说。空洞的称赞不能使对方高兴，有时还可能由于你的敷衍而引起对方的反感和不满。

#### （二）赞美要具体

赞扬要具体、要实在，不宜过分的夸张。例如，"你太漂亮了"不如说"这件衣服穿在你身上真好看"，说"你真有头脑"不如说"你怎么就能想出这样的好办法呢"。说"王老师，你的课上得真有创意"要

学习笔记

胜过"你是个好老师"。如果说"嗯，你今天穿得挺漂亮的。"不如具体地说："这条围巾挺漂亮的，和你衣服的颜色搭配起来很协调。"后者显然比前者的赞扬更有吸引力。空泛的赞美，让人感觉不真诚、虚幻、生硬，使别人怀疑我们有某种动机，而具体化的赞美，则显得真诚。

### （三）赞美要及时

人都有渴望被赞美的心理需求，在一些特定的时机更是如此。例如，在人多的时候他说了一句俏皮话、在报刊上发表了文章、成功地完成了论文、苦心钻研多年的项目通过了鉴定等，这时人们都希望得到别人的肯定。这时，不失时机给予真诚的赞美会使被赞美者高兴万分。大家都知道张海迪的故事，她曾应日本友人之邀，赴日本参加特意为她举行的演讲音乐会。在台上，她第一次用自学的日语做了自我介绍，并唱了几首她自己创作的歌。在她讲完之后，日本著名作家和翻译家秋山先生上台来紧紧抱住她，说："讲得太好了，我们全都听懂了。"只是这简短的赞扬便深深地打动了她，使她在最需要了解自己价值的时候，对自己有了一个清楚的认识，增加了自信心。

### （四）赞美要有针对性

在了解对方的基础上，要具体、恰当地赞美对方。否则，就有可能让他人不悦。如有两个同龄人去市场买菜，结果卖菜老板不了解情况脱口就说："你们父子俩关系真好，一起来买菜。"结果大家都很尴尬。即使在不了解情况时，赞美他人也一定要有针对性，找各自的亮点，分开赞美。

①赞美对方最出众的地方。每个人都有优点和过人之处，赞美其身体真好、酒窝真美、笑起来真甜、牙齿真整齐等，对方会乐于接受。

②赞美对对方最重要的人或物。每个人都有最关注的人、最喜爱的物品。赞美对对方最重要的人或物，会让对方更为之骄傲自豪，如"你的女儿真能干！"

③赞美对方最得意的事情。比如，对于刚通过公务员考试的人，可以赞美说："听说你考上公务员了，太了不起了。"又如，对于刚参加比赛凯旋的人，可以赞美说："听说你获了奖，太崇拜你了。"

### （五）用赞美来鼓励别人

自信是成功的一半，用赞美来鼓励对方，能达到事半功倍的效果，尤其在"第一次"。干任何事情，都有开头，都有第一次，如果对方第一次干得不怎么好，你也应该真诚地赞美一番："第一次有这样的成绩已经不容易了。"对于第一次上观摩课的人，第一次参加演讲比赛的人来说，赞扬是对他们最好的帮助，将给他们留下深刻的印象。在赞美别人时，为他树立一个目标，往往能让他坚定信念，为这一目标而奋斗。

### 典型案例

一个穷困潦倒、几乎一无所长的青年流落到了巴黎，他期望父亲的朋友能帮自己找一份谋生的差事。但当父亲的朋友接连问了他好几个关于特长的问题后，青年却只能羞涩地摇头告诉对方——自己似乎一无所长，连丝毫的优点也找不出来。

父亲的朋友让他把他的地址写下来，青年羞愧地写下了自己的地址，急忙转身要走，却被父亲的朋友一把拉住了："年轻人，你的名字写得很漂亮，这就是你的优点！你不该只满足于找一份糊口的工作。""把名字写好也算一个优点？"青年在对方眼里看到了肯定的答案，"哦，我能把名字写得叫人称赞，那我就能把字写漂亮；能把字写漂亮，我就能把文章写好……"受到鼓励的青年，一点点放大自己的优点，前行的脚步越发轻快起来。

数年后，这个青年果然写出了享誉世界的经典作品。他就是家喻户晓的法国著名作家大仲马。

#### （六）借用第三方赞美他人

以第三方的口吻赞美对方往往可以收到事半功倍的效果。如果我们对一个初次见面的人说："难怪 ×× 一直说你很不错，今日一见……"听到这样的话，对方一定很高兴。以第三方的口吻来赞美，更能得到对方的信任和好感。因为在一般人的观念中，第三方说的话是较公正的。因此，当面赞扬一个人，有时会令人感到虚假，怀疑你是否真心，而间接地在背后赞美对方，更能让对方感到你对他赞扬的真诚。

#### （七）赞美要适度

过度的恭维，空洞的奉承，或者恭维、奉承频率过高，都会令对方难以接受，甚至感到肉麻，令人讨厌，结果会适得其反。只有适度的赞美才会令对方感到欣慰。适度因人、因时、因事、因地而异，需要不断摸索积累，掌握好这个度。

#### （八）赞美要因人而异

千人千面，赞美之词也须因人而异。对于新老师，要赞美其敢尝试，勇于挑战，虚心学习的精神；对于老教师，要赞美其经验丰富，工作能力强，对新教师无私的帮助；对女士要赞美其年轻漂亮、有气质；对男士要赞美其有风度，有品位；对幼儿园的保育教师、后勤人员要赞美其做事认真细致等。

每个人都希望自己的优点能得到别人的承认，也希望自己能得到别人的赞美，所以每个人都不应该吝啬对别人的赞美。

### 四、拒绝别人的技巧

在我国，热情、大方、乐于助人这些品质一直是为我们所赞美和鼓励的。但在现实中，很多事情我们没法去帮忙，不得不拒绝，这时，我们也需要学习一下拒绝别人的技巧。因为，如果你拒绝的方式不正确，那么这就很容易伤害别人的感情，并可能影响自己的人际关系。而拒绝的方式比较恰当，既可以免除自己的"难做"，又不会"伤感情"。让我们一起来学习一下如何才能巧妙地拒绝别人吧！

#### （一）认真倾听

拒绝别人的前提是认真倾听对方的要求。首先，认真倾听可以使对方感觉到被尊重，能够促使双方在友好的气氛中交流。其次，认真倾听可以让别人感受到我们确实了解了他的问题和要求，但我们确实没办法帮忙。这样的倾听与理解是十分重要的，可以让别人感受到，虽然没办法帮到他，但你是站在他那一边的，是支持他的。

#### （二）温和拒绝

当我们一定要拒绝他人的时候，一定要以友好、温和的方式加以拒绝。先表示出尊重、同情，再慢慢讲明拒绝的理由，使其相信我们是出于无奈的。不能张口就说"不行"，没有缓冲的拒绝会使人产生强烈的反感。例如，别人好心邀请我们参加一项活动，而我们实在没有时间，抽不开身，我们就先赞美一番，然后再说出不能前去的理由，这样别人就不会感到不快。如果我们不加解释就直接拒绝，别人就会感觉你架子大，以后可能就不再邀请你了。

#### （三）延时拒绝

当别人向你提出请求时，如果你能做到，就可以答应别人，但如果你感到这一请求超出了你的能力范围时，你当然可以回绝："不行，这个忙我帮不了！"但是如果用延时拒绝的方法"嗯，我想想办法，能不

学习笔记

能办成我一定尽快给你一个答复，你看怎么样？"如果过两天再打电话表示自己无能为力，那至少说明你已经尽心尽力了。有时候，被拒绝的人耿耿于怀的往往是别人回绝时的态度。若是我们已经尽心竭力，即使事情没有办成，对方也不至于牢骚满腹，甚至怀恨在心。

### （四）不当众拒绝

人都有面子、自尊，当着别人的面立即说"不"，会直接伤了对方的自尊心，令对方觉得很没面子。因此我们要避开公众，私下讲明白。

### （五）从对方角度去说明

在拒绝别人的时候，我们可以设身处地，阐明后果。遇到别人的请求，如果确实无法帮忙，为了不伤害对方，我们需要站在对方的角度思考问题，帮助其分析利弊得失，然后以维护对方的利益为出发点，提醒对方如果愿望实现会给其带来什么样的危害。对方在领悟后，便能心平气和地接受你的意见，撤回自己的请求。

另外，适当地说一说自己的短处，表现出谦虚、心有余而力不足的态度，平衡对方的失落情绪，这都比单纯简单的拒绝要好得多。

总之，中国人是喜欢讲人情的，但遇到违反我们的意愿的事情时，我们还是要勇敢地说"不"。这个时候我们不妨试一试上述的几个小技巧，使我们的拒绝变得让人易于接受。

### 五、说服别人的技巧

在沟通的过程中，不可避免地会遇到双方观点不同的情况，如果处理不好，往往会给人际关系造成直接或间接的伤害，因此学习说服技巧将会帮助我们消除尴尬，避免人际交往过程中因观点不一造成的麻烦。

### （一）态度要友好

在说服时，我们首先应该想方设法调节谈话的气氛。如果我们总是板着脸、皱着眉，这样很容易引起对方的反感，导致抵触情绪的产生，使说服陷入僵局。如果和颜悦色地用提问的方式代替命令，适当点缀些俏皮话、笑话、歇后语，说服过程的气氛会友好而和谐，说服也就容易成功；反之，在说服时不尊重他人，拿出一副盛气凌人的架势，那么说服多半是要失败的。毕竟人都是有自尊心的，谁都不希望自己被他人毫不费力地说服而受其支配。

学习笔记

### （二）学会观察对方

在说服时，我们需要抓住对方的心理，根据他的心理，得知他最需要什么，然后满足其要求，进而征服其心。那么怎样才能知道对方最需要的是什么呢？你可以按下面的方法做。

① 关注他们的肢体语言。当人们谈到自己想要的东西时，他们会以某种特殊方式表现出来。他们似乎变得更有能力，更有活力。当这种情况发生时，隐含的信息就会变得明朗。

② 留意他们的用词。当他们说"问题在于……"这些话语的时候，他们正在告诉我们他们有一种需要。例如，如果他们说："问题是我们没有时间做其他事情。"那么他们正在告诉我们，他们需要更多的时间。当有人说："我真希望我可以……"的时候，他正在表现出一种需要。我们就应将谈话转到那个方向去。

③ 注意看人们之间的相互反应。当一对夫妇交谈时，要注意他们给予对方的评价。我们经常可以在他们简短的交谈中发现他们想要什么。例如，"你已经工作很长时间了"，这意味着说话方需要对方花更多的时间待在家里。又如，"你答应我要去英国"，这告诉我们他有一个旅行的愿望没有实现。

④ 品味他们的埋怨。每一个埋怨的背后都隐藏着一个秘密的渴望。如果能学会将人们的消极话语翻译成它所对应的积极话语，我们就会知道他们想要什么，而知道他们想要什么是说服他们的金钥匙。

### （三）以情动人

大多数情况下，说服在很大程度上可以说是促使对方按照自己的想法行动，也就是被对方情感所征服。只有善于运用情感技巧，动之以情，以情感人，才能打动人心。感情是沟通的桥梁，要想说服别人，就必须跨越这样一座桥，才能攻破对方的心理壁垒。因此，劝说别人时，我们应该做到推心置腹，动之以情，晓之以理，使对方觉得我们是在公正地交换各自的看法，而不是抱有任何个人的目的，更没有丝毫不良的企图。我们要让对方感觉到我们是在真心实意地帮助他，为他的切身利益着想。先动之以情，缩小自己与对方感情的差距，让他觉得我们是在与他同心而交，在此基础上，晓以大义，申之利害，便能收到比较理想的效果。

学习笔记

### （四）通过赞美调动热情

每个人的内心都有自己渴望的评价，希望别人能够了解，并给予赞美，所以适时地给予同伴鼓励与赞扬往往会使双方的关系更加亲密，也使说服能够更好地进行。在工作中，上级对下级的赞美就显得尤为重要，当下级由于非能力因素借口公务繁忙拒绝接受某项工作任务之时，上级为了调动他的积极性和热情去从事该项工作，可以这样说："我知道你很忙，抽不开身，但这件事情只有你去解决才行，我对其他人做好这件事没有把握，思前想后，觉得你才是最佳人选。"这样一来，就使对方无法拒绝，巧妙地使对方的"不"变成"是"。这个说服的技巧主要在于对对方某些固有的优点给予适度的赞扬，以使对方得到心理上的满足，使其在较为愉快的情绪中接受劝说。

### （五）获取肯定的回答

当说服工作开始时，先不要提及对方的不同点，而要努力寻找双方的共同点，并不断强调，获取对方赞同的反应，力争在谈话开始时就使对方说"是"，尽可能不让他说"不"。因为否定的回答是最不容易突破的障碍，一个"不"字出口，就等于在对方和你之间筑起了一道厚厚的墙壁，推倒它需要十倍的耐心和努力。因此，懂得说话的人，在一开始就把听众心理导向了肯定的方向。

## 拓 展 学 习

### 人际交往中的目光礼仪

目光是人在交往时的一种无声语言，往往可以表达有声语言难以表达的意义和情感。一个良好的交际形象的目光应是坦然的、亲切的、和蔼的、有神的。

**1. 注视时间**

如果谈话时间较短，如 3 分钟以内，我们需要全神贯注地注视对方，以此表达对对方的重视与尊重；如果谈话时间较长，在整个交谈过程中，与对方目光接触应该累计达到交谈全过程的 60% ～ 70%，这样比较自然、有礼貌。

**2. 注视区域**

场合不同，注视的部位也不同。一般分为公务注视、社交注视、亲密注视。

公务注视。在洽谈、磋商、谈判等严肃场合，目光要给人一种严肃的感觉，带给人压迫感和权威感。注视的位置在对方眉底线与发际线中间一点连成的三角区域。一般用于商务谈判、批评别人等严肃的场合。

社交注视。这是指在各种社交场合使用的注视方式。注视的位置在对方眼睛上沿线与鼻尖之间连成的三角区域。这类注视在日常生活和工作中运用较多，传达的目光语较柔和，以体现自己的亲和力和善意。要求做到"散点柔视"。

亲密注视。这是恋人之间使用的注视方式。注视的位置在对方双眼到胸之间。不论同性之间或异性之间，严禁盯视对方的唇部、颈部和胸部，以免造成不必要的误会。

### 3. 注视方式

无论使用哪种注视，我们都要注意不可将视线长时间固定在所要注视的位置上，应适当地将视线从固定的位置上移动片刻。这样能使对方心理放松。

### 4. 角度

平视，表示平等；斜视，表示失礼；仰视，表示仰慕与崇拜；俯视，表示轻视别人。

当与人说话时，我们的目光要集中注视对方。听人说话时，我们要看着对方的眼睛与鼻尖之间形成的三角区，这是一种既讲礼貌又不易使人疲劳的方法。当对方说了错误的话正在拘谨害羞时，不要马上转移自己的视线，而要用亲切、柔和、理解的目光继续看着对方，否则对方会误认为你在讽刺和嘲笑他。当对方沉默不语时，我们不要盯着对方，以免加剧其尴尬。在整个交流过程中，我们还要特别注意不要使用向上翻白眼的目光，因为这种目光常常会给人一种紧张、不自信的感觉；当然更不能有东张西望的目光，这会给人留下缺乏修养、不懂得尊重别人的印象。

### 情景演练

马上要进行观摩课比赛了，新来的张老师第一次参加这样的活动，有些紧张，她想向教研组组长李老师请教一下自己选的这节课怎么上，小张老师该怎么说呢？

## 思考与练习

1. 试着找出一个同学的五个优点去夸赞一下吧！
2. 好朋友小王想让你在这次考试中帮助他作弊，你该怎么拒绝他呢？

### 学习反思

## 模块八　幼儿园教师的见面礼仪

### 学习目标

1. 理解幼儿园教师学习接待礼仪的重要性。

2. 了解工作场合见面问候礼节的种类及特点。

3. 掌握接待礼节中的致意礼、称呼礼、介绍礼、握手礼、名片交换礼、拥抱礼与亲吻礼、鞠躬礼的行礼场合及行礼方法。

4. 掌握接待家长和幼儿的礼仪。

5. 掌握工作中的电话礼仪。

6. 掌握家长会的组织方法和家访活动的礼仪细节。

### 学习重点与难点

#### ◆ 学习重点

熟练掌握工作场合接待时见面问候礼节的种类及特点。

#### ◆ 学习难点

掌握接待家长的礼仪。

学会家长会、家访的组织方法。

### ❓ 我的问题

"我最怕接待家长，因为我不知道见面后该行什么见面礼，家长给我名片的时候，我都不知道放在哪里，握手的时候我总是不敢看他们的眼睛，自己特别不自信……"

在社会交往中，人们形成了一些约定俗成的习惯，随着时间的流逝，这些习惯慢慢地变成了交往中的礼仪法则，幼儿园教师需要正确地掌握这些法则，这是保证交往顺畅的前提，让我们学习并运用见面礼，让彼此在规范的礼节中感受到被尊重，让文明礼貌之风从见面开始。

"东边的太阳微微笑，树上的小鸟喳喳叫，可爱的宝宝上学校。快乐的一天开始了，老师早老师早，亲爱的老师早；朋友早朋友早，亲爱的朋友早……"伴着欢快的歌声，快乐的一天开始了，见到老师问声好，见到小朋友问声早，基本的致意礼节就在快乐、好听的歌声中唱了出来。

## 单元 1  致意礼

什么是致意礼呢？简单来讲，致意礼就是在遇到熟悉的人时向对方打招呼，以此来表示问候、尊敬之意。致意礼是在人们日常交往中使用频率最高的一种礼节。致意礼包括点头致意、挥手致意、脱帽致意、欠身致意等多种行礼方式，适用于各种场合，是最基本的一种礼节。

### 一、致意礼的作用

常用致意礼的行礼方式有点头致意、挥手致意、欠身致意、脱帽致意等，是非正式的见面礼节。幼儿园教师选择合适的致意礼节，既是人际交往的需要，又是园所文化的重要组成，对塑造幼儿园教师职业形象、凝聚教师团队、和谐园所环境，有着重要的意义。

### 二、致意礼的行礼方法及适用场合

#### （一）点头致意

点头致意行礼姿势如下。

遇见对方时，微笑着注视对方，头向下微微一动，不可幅度过大或者点头不止，可伴有问候语言，如"您好！""下午好！"等。

点头致意适用场合如下。

点头致意使用频率最高，在社交场合中，适用于在公共场合遇到相识的人，或与相识者在一个场合多次见面时；对一面之交或不太相识的人在社交场合见面时，均可微笑点头向对方致意，以示问候，而不应视而不见，不理不睬。另外，在会议、剧院、拥挤的电梯间、公交车上等不太方便交谈的地方时，也可点头致意，且不必使用礼貌用语。例如，在校园小路上遇见认识的同学时，亦可使用点头致意礼。

#### （二）挥手致意

挥手致意行礼姿势如下。

将右手手臂伸出，掌心向外，指尖向上，面向对方，手掌可静止不动，手臂带动手掌挥动几下即可。挥手时不要反复摇动不止。距离近，手掌可放在齐胸的位置；距离远，手掌可放在齐眼的位置或超过头顶。

挥手致意适用场合如下。

挥手致意多用于距离较远不方便上前行见面礼节时，或者看见熟人又无暇分身时，可使用挥手致意。挥手致意也可用于人数较多且时间仓促的场合，来不及一一打招呼握手时，可使用挥手致意礼。

### （三）欠身致意

欠身致意行礼姿势如下。

面带微笑，注视对方，不论男士还是女士，均要将双手相搭自然垂放于体前，上身以髋部为轴向前倾 15°～30°，可使用问候语言"您好！"等。在行礼过程中目光始终落在对方的面部。

欠身致意适用场合如下。

欠身致意可用于对长辈、对重要的客人、对师长、对领导行礼。例如，在迎接来园参观的客人时可使用欠身致意欢迎客人的到来。

## 三、行致意礼的注意事项

在使用致意礼时，我们需要掌握行礼的以下基本细节。

### （一）行礼时应讲究先后顺序

尊重女性的原则，男士应先向女士致意；尊长原则，年轻者向年长者致意，下级向上级致意等。另外，在实际交往中不应拘泥于以上的致意顺序，尊者主动向晚辈、下级致意会更具影响力与风度，更能够引起受礼者的尊重与敬仰。

### （二）行礼时应注意基本的举止礼貌

行礼过程中把手插在衣袋里是不礼貌的，如果致意时正在吸烟，应将烟拿在手上，不可叼在口中向他人致意。

### （三）行礼时应注意眼神与表情

在使用致意礼时，使用微笑的表情，真诚的眼神，还有"您好！"这样的问候语，我们传递出的敬意之情会更真挚，更能打动人心。

### （四）行礼时应注意距离

使用致意礼时与对方应保持在 2~5 m 的距离为宜，距离较远时应采用挥手致意的方式，在行礼过程中不可大嚷大叫，特别是在公共场合。

### （五）行礼时注意先言后行

行礼致意时如果增加问候语言，要注意先言后行，以确保郑重其事。

学习笔记

## 单元 2　称呼礼

人与人打交道时，相互之间免不了要使用一定的称呼。不使用称呼，或者使用称呼不当，都是一种失礼的行为。所谓称呼，通常是指在日常交往应酬中，人们彼此之间所使用的称谓语。称呼从心理学的角度解析，凝聚了彼此的熟悉度、距离与亲疏关系。从社会学来理解，称呼是一个人的地位与身份的象征。从公共关系学剖析，称呼在一定程度上蕴含着彼此的关系与隶属。合理地运用称呼，不仅是见面行礼的问候礼节，更是准确地表达尊重的方式。幼儿园教师准确地使用称呼礼，为沟通架起一座畅通的桥梁，为外塑职业形象奠定基础。

### 一、称呼礼的类型

语言沟通是开启人与人互通交流的渠道，称呼礼为营造更加美好的语言交流奠定了基础。什么是称呼礼？称呼双方或者多方在打招呼时常用的称谓礼仪，这是表示尊重对方的口头语言称谓的表达。幼儿园教师的称呼礼常常是与幼儿之间、与家长之间、与同事之间、与家人和朋友之间的称呼较多。称呼礼适用于各种场合，是最基本的礼节之一。

常用称呼礼的类型：职务称呼、职称学历称呼、行业称呼、姓名称呼、常用统称。

### 二、称呼礼的准确选用与适用场合

#### （一）职务称呼

职务称呼的使用如下。

由"姓 + 职务头衔"组成，用亲切真诚的语气、柔和适度的语调表达出来，如"王局长""林园长""刘主任""李处长"等。合适的称谓对于被称呼者是一种尊重和认可，尤其新上任的领导，希望从称呼开始得到大家的认可。

职务称呼适用场合如下。

职务称呼常用于工作场合同事间的称呼、下级对上级领导的称呼，是对上级尊重的表现。在幼儿园里，教师对上级领导和部门领导的称呼应使用职务称呼，以示对其的尊重，切忌在工作场合称兄道弟。

#### （二）职称学历称呼

职称称呼："姓 + 职称""姓 + 学历"，如"王教授""张博士"等。

适用场合：通常用于对在高校、研究所等行业中承担教学或研究工作的人员的称呼。

### （三）行业称呼

行业称呼的使用如下。

行业称呼通常针对专业性较强的行业，不是很清楚对方姓氏时，会采用"老师""医生""护士"等行业特征来称呼。如果知道对方姓氏，就需要加上姓氏称呼，如"王老师""林医生""张工程师"等。

适用场合：在学校、医院、公共场馆等，往往选用行业特征的统称。

### （四）姓名称呼

姓名称呼是指在日常交往中，习惯性地直呼其名，显得亲切。有全名称呼、小名称呼，"姓＋名字""名字""乳名"等。

姓名称呼适用场合如下。

姓名称呼常用于熟人之间，长辈称呼晚辈或同学朋友之间。切忌称呼长辈、领导、老师姓名，在中华传统文化中，直呼其名是无礼的表现。

### （五）常用统称

常用统称是指用"小＋姓氏""大＋姓氏""老＋姓氏"组成的称呼，如"小刘""大秦""老张"等。

适用场合：常用于在公务活动中，或是单位里面同事间习惯性的亲切称谓。

### 三、称呼礼注意事项

在使用称呼礼时，幼儿园教师应注意以下三个事项。

第一，在公众场合的称呼不能太随意，不能太随性。

例如，甲和乙是很要好的儿时伙伴，都做了幼儿园老师，他们很久没有联系了。一日，甲升职到乙工作的幼儿园，在上级领导的带领下甲与新同事见面时，发生了尴尬的一幕，乙口无遮拦地呼出甲的乳名，同时上前去拍打甲的肩膀，这时甲很是局促但很快镇定且冷静地向大家行了致意礼。乙顿时很难过，觉得情感受伤，事后甲特意邀约乙并做解释，并非是甲不珍惜情意，而是乙对甲的称呼没有选择合适的场合

学习笔记

和时段。

第二，忌称呼错误，如果不是很确定对方的信息，用"您"比较保险。

第三，称呼的语气要保持真诚谦和，语调要适中舒服。

## 单元 3　介绍礼

有人曾说："世界上最廉价，而且能得到最大收益的一项特质，就是礼节。"介绍也是有礼仪规范和要求的。幼儿园教师的介绍礼仪可以为其塑造职业形象奠定良好的基础。什么是介绍礼？介绍礼是指在人际交往中，相互不认识却要达到沟通交往的目的时采用的认识方式。介绍礼是人际交往和幼儿园教师面对家长、小朋友、同事时常用的礼节。介绍礼包括自我介绍、为他人做介绍、第三方介绍、集体介绍。幼儿园教师职业需要掌握适用于不同情境的、标准化的介绍礼。

### 一、介绍礼的种类

介绍礼包括自我介绍、为他人做介绍、第三方介绍和集体介绍。

### 二、介绍礼行礼方法及适用场合

#### （一）自我介绍

自我介绍指当你面对的交往对象是陌生人时，为了相互了解，融入集体，及时地把自己介绍给大家。自我介绍需简明扼要，内容包括姓名、单位、职务，也可包括籍贯、爱好、特长等大家关注的信息。自我介绍有口头自我介绍和书面自我介绍。自我介绍常用格式有："大家好＋我叫×× ＋来自哪里＋做什么工作＋……""我叫×××，在某单位工作。""恕我冒昧，我是某某幼儿园的×××。您叫我×××就好。"

自我介绍的适用场合如下。

口头自我介绍常用于会面交谈时，选择自我介绍加快沟通交流进程，如聚会、集会时，大家相互进行口头自我介绍。书面自我介绍常用于面试、求职、身份说明等，是一种较为正式的自我介绍方式，需要信息完整、内容简洁、重点突出。

#### （二）为他人做介绍

为他人做介绍指为了让其他人认识、了解一位不熟悉的人时采用的

介绍方式。介绍内容根据不同场合需要做简明扼要、突出重点的介绍，内容包括被介绍对象的姓名、工作单位和职务，可同时介绍其特长、主要事迹及获得突出成绩等其他方面内容。

为他人做介绍的适用场合如下。

为他人做介绍多用于主持人、活动发起人、聚会组织者等向大家介绍某位领导或嘉宾，如嘉宾介绍、选手演讲、学术论坛等较为正式的场合。教师在上级领导进班视察时，会向班里幼儿做介绍欢迎；新入园的幼儿进班时，教师会向同学们介绍新同学；开家长会时，也会介绍新教师让家长认识。

### （三）第三方介绍

第三方介绍指双方互相不认识，但是第三方是双方共同认识的。当三方见面时，由第三方将双方分别介绍给对方。这个过程需遵照"尊者有优先知情权"的原则，如"王局长，这位是毛老师；毛老师，这位是教育局王局长"。

第三方介绍的适用场合如下。

第三方介绍多用于居中介绍，或单位主管领导迎接上级检查需要单独谈话时，主管领导需要把自己的员工介绍给上级领导。还有，在一些竞技比赛中，裁判会将选手相互介绍给对方，大会主持会把裁判和队员介绍给大家。这种介绍也适用于介绍新同事让老同事认识。（图 8-1）

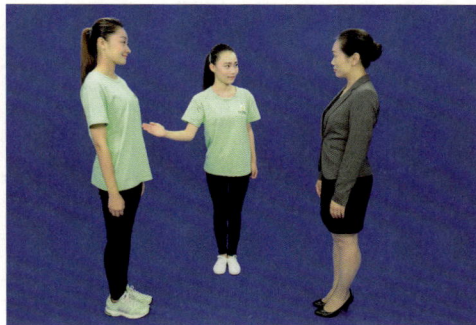

图 8-1

### （四）集体介绍

集体介绍指在人数较多，无法一一介绍的情况下，采取的最快捷的介绍方式。集体介绍有两种：一是把集体介绍给个人，二是把其中一个集体介绍给另一个集体。

集体介绍适用场合如下。

集体介绍常用于双方集体活动前。比如，在各种集体比赛、集体辩论会前，主持人把双方简明扼要地介绍给观众和对方。

## 三、使用介绍礼时的注意事项

第一，介绍方必须准确地掌握被介绍方的信息，忌讳在介绍时模棱两可，或者在大家面前再次核实。

第二，介绍内容要简明扼要，介绍声音要响亮，介绍态度要端正。

第三，一定要遵守介绍的顺序。通常先介绍晚辈、职位低者，不能随意介绍，否则让大家觉得不够重视。

## 单元4　握手礼

扫码观看
握手礼
教学视频

有一句名言说："在智慧提供给整个人生的一切幸福之中，以获得友谊为最重要。"表达友谊的一个最常用、最方便操作的体态语就是握手，握手往往与友谊、友好相连。握手礼承载了友谊的交流与传承。什么是握手礼？握手礼是人际交往中最常见的一种问候礼节，是双方在问好与寒暄时常伴的一种交流方式，常会伴随语言表达："您好！""久仰"等。根据握手对象的不同，握手的类型有单手握手礼、双手握手礼。幼儿园教师的握手礼，不仅要表达真诚，还要表现教师职业化形象的美好。

### 一、握手礼的行礼方法与适用场合

#### 1.单手握手礼

单手握手礼行礼方法如下。

握手双方相视而立，从容自若，面带微笑，在相距约两臂的距离时，尊者先伸出右手，要求四指并拢虎口张开，保持掌与地面垂直，掌心相对，伸手握住对方虎口部位，用适度的力量（让对方感受到力量即可，力量不宜过大也不宜过小）握两三秒后松手收回手臂。单手握手礼是最常用的一种表达平等友好、相互寒暄的握手礼节。可伴语言问候，如"您好""你好""欢迎"等。（图8-2）

图8-2

在工作场合、商务或政务场合，通常单手握手礼均为掌心相对、虎口交叉握手，男女平等。在社交场合，为了表达对女士的尊重和优先照顾，异性之间握手时只握对方的手指。

适用场合：单手握手礼多用于会面、欢迎、感谢、道别时，运用握手礼是表示与对方友好的一种最直接的肢体语言。

#### 2.双手握手礼

行礼方法：双手握手是在单手握手的基础上，用左手辅握在对方手的外侧，用适度的力量，握时两三秒后松开。

适用场合：采用双手迎握大致有三种情况。一是表示对对方十分敬仰、非常敬重；二是得到对方谅解十分感谢和忏悔；三是久违的慰问与思念等。（图8-3）

图8-3

### 二、握手礼注意事项

① 握手时，谁先伸手，握手时的伸手顺序需遵循"尊者优先"的原则，也就是尊者有优先决定是否伸手行握手礼的权利。如果对方伸手了，则需要积极回应，这是一种礼节。例如，长辈与晚辈，长者优先；女士与男士，女士优先；职务高者与职务低者，职务高者优先等。

② 迎接客人时，主人先伸手，表示欢迎；送别客人时，主人不能先伸手，应该客人先伸手，主人先伸手有催促客人之嫌。

③ 在社交场合，异性之间握手要讲究分寸，通常握对方的手指即可，不可太浅，有嫌弃对方的意味；不可太深或太重，会显得失礼。

④ 拒绝或延迟与他人握手是没有礼貌的行为，应该及时回应互握。

⑤ 忌用力过大，久握不松。握手的力度掌握在使对方感受到力量就好，不能用力过猛，以免造成骨骼伤害或有挑衅之嫌。标准握手时间控制在两三秒，不要握了很久不松开，尤其是异性之间、领导与下属间，否则会让大家尴尬。

⑥ 忌左手握、交叉握、戴手套握。左手握手是禁忌，除非是右手残疾或者是右手无法迎握才能使用左手，常规下绝不能用左手。在人数较多的场合，握手一定避免交叉握，否则很不礼貌，应等待别人握完再握。除晚宴或者婚礼，女士着晚礼服、婚礼服，纱手套作为配饰时，可以戴着手套握手，其余情况下都不能戴着手套握手。

⑦ 忌握手时掌心汗湿、冰冷或有异物。如果手部有污渍不方便握手，可举手示意对方，同时以微笑问候礼配合语言代替。

⑧ 忌握手时漫不经心，东张西望。握手是表示对对方的尊重和问候，不能漫不经心，如手插裤兜、背手、双脚一前一后等。不能东张西望，需要专注于对方。

学习笔记

## 单元5　名片交换礼

扫码观看
名片礼
教学视频

交换名片已经成为当今工作、社交场合必不可少的礼节。交换纸质或电子名片的目的是方便对方对自己身份的再次确认，并保持以后联系。幼儿园教师面对众多家长时通常也会用名片介绍，便于家长留存自己的联系方式，更好地进行沟通。同时，家长递送名片时，教师需要接收、保存。

### 一、纸质名片的递交、接受与索要

#### （一）准备工作

如果幼儿园为教师配发名片，名片的准备工作就需要引起足够的重视。教师应在平时多留意自己的名片是否够用，不够时要及时补充，否则会耽误工作。名片的质量也非常重要，低质的名片对个人和园所形象有损。名片要保持干净整洁，切不可出现折皱、破烂、肮脏、污损、涂改的情况。最好准备专用的名片夹放置名片，也可以放在公文包或上衣左胸口袋内，在办公室应选择放在名片夹或办公桌上，切不可随便放在钱包、裤袋内，以免在找名片时手忙脚乱。

#### （二）递交名片

首先，观察意愿。这种愿望往往会通过"幸会""认识你很高兴"等谦语和表情、体姿等非语言符号体现出来。其次，把握时机。发送名片要掌握恰当的时机，发送名片一般应选择初识之际或分别之时，不宜过早或过迟。再次，要讲究顺序。最好的方法是由近而远、按顺时针或逆时针方向依次发送。如果接待的是一个团队，应该先向最尊者递送名片，注意不要厚此薄彼，向团队中的每个人都要递送名片。最后，递送名片时要谦恭。对于递交名片这一过程，要表现得郑重其事。要起身站立主动走向对方，面含微笑，上体前倾15°左右，以双手持握名片，举至胸前，并将名片正面面对对方，同时说"请多多指教""欢迎前来拜访"等礼节性用语。勿以左手持握名片，递交名片的整个过程应当谦逊有礼，郑重大方。（图8-4）

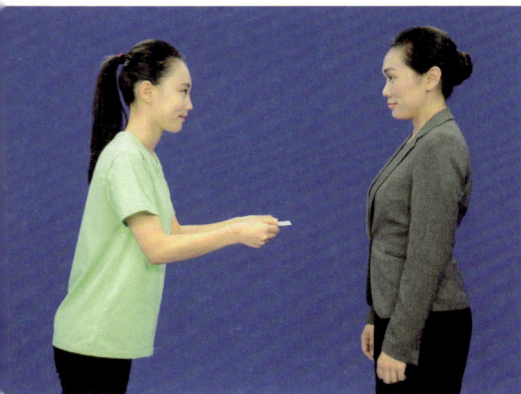

图8-4

### （三）接受名片

接受他人名片时，不论有多忙，都要暂停手中一切事情，并起身站立相迎，面含微笑，双手接过名片；接过名片后，一定要认真阅读。先向对方致谢，然后将其从头至尾默读一遍，遇有显示对方荣耀的职务、头衔不妨轻读出声，以示尊重和敬佩。若对方名片上的内容有所不明，可当场请教对方。接到他人名片后，务必精心存放，切勿将其随意乱丢乱放、乱揉乱折，忌拿着名片当扇子，在脸颊、额头部位随意扇，而应将其谨慎地置于名片夹、公文包、办公桌或上衣口袋内，且应与本人名片区别放置。接受了他人的名片后，要礼尚往来，一般应当立刻回给对方一张自己的名片。没有名片，名片用完了或者忘了带名片时，应向对方做出合理解释并致以歉意，切莫毫无反应。（图8-5，图8-6）

图8-5

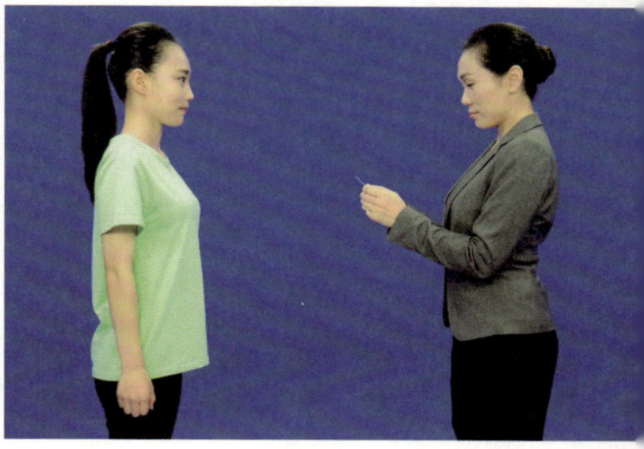

### （四）索要名片

索要名片一定要讲究方法，可以向对方提议交换名片，也可以主动递上本人名片。向尊长索取名片，可以这样说"可否惠赐一张您的名片，方便今后向您请教"。向平辈或晚辈索要名片，可以说"能否惠赠一张您的名片，方便以后与您联系"。

图8-6

学习笔记

## 二、电子名片的交换礼仪

如果需要交换电子名片，我们可以在见面寒暄后进行。如果是用小程序推送电子名片，我们可以取出手机，打开名片码，通常右手握住手机两侧，左手托手机底部，屏幕45°朝向对方，同时面带微笑说："XX，您好，这是我的名片，请您笑纳。"这样便于对方打开小程序扫描接收名片。

如果对方直接推送电子名片给自己，为了表示尊重和重视，一定要打开对方的名片仔细看看，同时表达自己的谢意和敬意。可以说："谢谢XX，非常荣幸认识您！"

## 三、名片礼的适用场合

通常在初次见面时递送名片，一方面为了确认对方的具体信息，如姓名、职务等；另一方面为了能够保持联系和长久合作。幼儿园教师外出拜访时，一定要准备名片，不能因为是第二次拜访就不递送名片（对方在你第一次拜访时不一定记住了你），也不能只向领导递送名片。

名片会将信息较为完整地传递给对方，名片礼是人际交往中必不可少的一种礼节。幼儿园教师掌握正确的名片递送和接收礼仪，既是工作的实际需要，也是美好形象打造的重要环节。

## 单元6　拥抱礼与亲吻礼

拥抱与亲吻是感情的延续和升华。有人曾说美国已经成了一个崇尚拥抱文化的国家，没有从座位到舞台的一连串拥抱就不能叫奥斯卡颁奖礼，任何体育项目的获胜也都会引起一阵狂欢式的拥抱。拥抱礼是流行于欧美国家的一种见面礼，它的使用频率就像我国使用握手礼那样的常规化。随着改革开放和受外来文化的影响，拥抱礼和亲吻礼在我们的礼节中呈现出越来越多的趋势。

幼儿园教师常用拥抱礼和亲吻礼，抚慰受伤、受委屈的幼儿，或给予嘉奖和鼓励。适时的拥抱与亲吻会让成长中的幼儿得到更多积极的心理暗示和正能量，让他们更加快乐地成长。

### 一、拥抱礼的行礼方法与适用场合

拥抱礼的行礼方法如下。

拥抱双方保持合适的距离面对面而立，形成右高左低的怀抱姿势，右手臂环搂对方颈部，左手臂自然放在后腰处，头自然跟随身体，各自头微微靠左，以右脸颊贴对方的右脸颊，然后再向右倾相抱，接着再做一次左倾相抱。脸颊相贴时，环腰的左手保持不动，右手轻拍对方背部，以传达问候、友好之情。（图8-7）

拥抱礼的适用场合如下。

图8-7

欧美国家的见面会晤。在我国，拥抱礼通常用于亲人、夫妻、好友、同学之间，或是长辈与晚辈、同事之间，表示久违会面、祝贺、感谢、相互安慰、道别等含义。幼儿园教师合理运用拥抱礼不仅能传递爱与温暖，而且符合幼儿年龄特点和心理特点。但要注意的是，异性同事之间慎用拥抱礼。

### 二、亲吻礼的行礼方法与适用场合

亲吻礼盛行于西方国家，是双方表示亲昵、爱抚的一种见面礼。行此礼时，往往与一定程度的拥抱相结合。不同身份的人，相互亲吻的部位也有所不同。一般而言，夫妻、恋人或情人之间，宜吻唇；长辈与晚辈之间，宜吻脸或额；平辈之间，宜贴面。在公开场合，关系亲密的女子之间可吻脸，男女之间可贴面，尊长对晚辈可吻额，男子对尊贵的女子可吻其手指或手背。非洲某些部族的居民，常以亲吻酋长的脚或酋长走过的地方为荣。在我国，最早的亲吻礼是母亲与孩子之间的亲吻，表示疼爱与亲情；亲吻也是长辈与晚辈之间、夫妻之间、亲人之间传递友爱的一种礼节。

亲吻礼的类型有脸颊亲吻、额头亲吻、手背亲吻、手指亲吻。

亲吻礼的行礼方法如下。

行礼方法：在双方拥抱后，根据国家习俗、身份地位、亲疏程度等因素，选择不同的部位行亲吻礼。只有吻手礼在行礼时不需要拥抱，只需在对方伸出手背后，选择手背或者手指行亲吻礼即可。

亲吻礼的适用场合如下。

亲吻礼常出现于欧美国家，美国人尤其爱行此礼；法国人不仅在男女间，而且在男子间也多行此礼。法国男子之间亲吻时，常常行两次，即左、右脸颊各吻一次。比利时人的亲吻比较热烈，往往反复多次。在我国仅亲人、恋人之间等比较亲密的关系才行亲吻礼。近年来，因为预防疾病的需要，欧美国家部分人士发起了拒绝亲吻礼的运动，亲吻礼在欧美已不如以前流行。

### 三、幼儿园教师使用拥抱和亲吻礼时的注意事项

① 在班级里，教师使用拥抱和亲吻礼要注意分状况，不能太随便，要给幼儿传递正能量的信息，使拥抱礼和亲吻礼成为一种激励，实现它们的安慰、鼓励、奖赏功能。

② 教师不要固定只对个别幼儿使用拥抱礼和亲吻礼。这样会让其他幼儿受伤害，传递一种老师不喜欢自己的错误信息。

③ 教师在使用拥抱礼和亲吻礼时忌用力过猛且突然，否则有些幼儿会因此受到惊吓，对用拥抱礼和亲吻礼的友好方式心存芥蒂。

④ 男教师慎用拥抱礼和亲吻礼。注意性别意识的培养，不能随便使用拥抱礼和亲吻礼，以免造成误会。

学习笔记

## 单元7　鞠躬礼

鞠躬，是中国传统的礼节，起源于商代，在春秋时期就已经很普遍了。诸葛亮曾写下《后出师表》，其中有"臣鞠躬尽瘁，死而后已"的句子，正是对恭敬为国者的生动描述。

在我国，鞠躬适用于庄严肃穆、喜庆欢乐的场合。领奖人上台领奖时，向授奖者及全体与会者鞠躬行礼；演员上台或谢幕时，常对观众鞠躬致谢；演讲者也用鞠躬表示对听众的敬意。而今，鞠躬成为生活中为了表达对别人的恭敬而行的一种礼节。在日常工作和生活中，学生对教师、晚辈对长辈、下级对上级等都可行鞠躬礼；遇到客人表示感谢时，回礼可行鞠躬礼。

对礼学深有研究的彭林教授说，上课时学生行礼鞠躬，教师鞠躬回礼，学生再鞠躬感谢，这种礼节在古代教学中早已有之。20世纪的五六十年代，晚辈见到尊长一定要行鞠躬礼，当时在许多学校都可以见到这种场面。现在，在韩国、日本的日常生活中鞠躬礼依然通行，人们习惯用这种方式表达对他人的尊敬。一个不会鞠躬的人，或者鞠躬时心不在焉的人，会被认为是没有礼貌的人。

### 一、鞠躬礼的种类

鞠躬礼因为适用场合不同，所采用的鞠躬度数有严格的区分。

鞠躬礼角度不同，表达的感情也是不一样的。在我国，通常将30°鞠躬礼用于道谢或道别；将45°鞠躬礼用于道歉。通常较少使用90°鞠躬礼，除非遇到需要十分感谢或者表达忏悔或深刻的歉意时才会用到。

### 二、鞠躬礼的行礼方法及适用场合

#### （一）道谢、道别鞠躬礼

道谢、道别鞠躬礼的行礼方法如下。

在身体保持自然挺拔状态下，以髋关节为轴，上体前倾30°，表示感谢或者道别的礼节。眼睛随着身体前倾度数跟随延伸，确保头颈部和背部为一条直线。

道谢、道别鞠躬礼的适用场合如下。

道谢、道别鞠躬礼常用于表达感谢之意，也用于道别。例如，毕业

我 的 任 务

掌握鞠躬礼的要领，学会分场合使用。

学习笔记

典礼接受毕业证时，或在对对方帮助表示感谢时，应行30°鞠躬礼，并说"谢谢"。欢送客人时，说"再见"或"欢迎下次再来"，同时行30°鞠躬礼，目送客人离开后再返回。（图8-8）

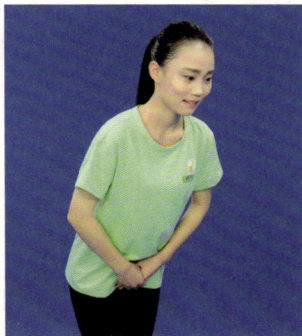

图8-8

### （二）道歉鞠躬礼

道歉鞠躬礼的行礼方法如下。

在身体保持自然挺拔状态下，以髋关节为轴，上体前倾45°，头颈部和背部为一条直线。男教师的两手臂要自然放于身体两侧，两手五指并拢紧贴于裤缝处，女教师的两手在腹前成前搭式手位。

道歉鞠躬礼的适用场合如下。

多用于表达歉意。给对方造成不便或让对方久等时，行45°鞠躬礼，并说"对不起！"例如，处理家长投诉时，行45°鞠躬礼，并说"抱歉！因为我们给您造成了困扰。"（图8-9）

### 三、幼儿园教师在使用鞠躬礼时的注意事项

① 在使用鞠躬礼时，动作要领要掌握到位，双脚跟通常并拢。

② 鞠躬姿态优雅，脖子不可伸得太长，不可挺出下颌，不可仰头撅臀或撅臀塌腰。

③ 鞠躬时要注意如果戴着帽子，应将帽子摘下，因为戴帽子鞠躬既不礼貌，帽子也容易滑落，使自己处于尴尬境地。不要一面鞠躬，一面试图翻起眼睛看对方。

④ 在鞠躬时，忌边工作边致礼，否则显得漫不经心，是失礼的表现。

图8-9

学习反思

### 情景演练

淇淇要上幼儿园了，淇淇爸爸来到幼儿园想了解办理入园手续的相关问题，正好今天是张老师值班，请问张老师与淇淇爸爸见面时会使用哪些见面礼节呢？大家一起情景演练一下吧！

### 思考与练习

1. 使用合适的致意礼主动问候他人。

2. 外出进家门后，父母在家，你会先问候吗？请回家后给自己的父母一个热情的问候吧！

## 模块九　幼儿园教师在教育活动中的礼仪

### 学习目标

1. 了解在幼儿园一日流程活动中幼儿园教师应注意的礼仪行为。

2. 理解幼儿园教师的礼仪示范作用对幼儿的影响。

3. 掌握各教学环节中幼儿园教师的礼仪要点。

4. 学会在教学工作中实践礼仪。

### 学习重点与难点

◆ 学习重点

了解幼儿园一日教学环节中的礼仪规范。

◆ 学习难点

能够熟练地将标准的体态礼仪即站姿、蹲姿、行姿、坐姿、指引等正确地在教学工作中运用，并能够在工作中养成正确的仪态礼仪习惯。

### ❓ 我 的 问 题

"幼儿园一天的活动真是丰富多彩，各个环节的连接也非常紧密，我希望自己能够在各个环节中展现出优秀的一面，所以我非常想知道在一天的活动中，我应该注意些什么？如何让自己更加完美，得到幼儿、家长、领导、同事的喜欢呢？"

"少成若天性，习惯成自然"，幼儿园教师是幼儿学习的重要对象，幼儿与幼儿园教师在一起的时间最长。幼儿阶段，教师往往是幼儿崇拜的对象，他们会乐于模仿教师的言行。因此，幼儿园教师应时刻注意自己的礼仪，才能在幼儿面前起到示范作用。

**学习笔记**

### 单元1　入园与离园环节的礼仪

上幼儿园是幼儿从家庭生活走向社会生活的第一步。从熟悉、自由、宽松的家庭生活环境到陌生的环境的确会给幼儿带来不少压力，难免会使其产生"分离焦虑"。我们常常能见到这样的场景：幼儿攥着妈妈的手大喊："妈妈，我要妈妈……"伴随着一阵阵高分贝的哭喊，妈妈强忍着心中的不忍，使劲扳开幼儿的小手，逃开似的离开，可边走边隔墙观望好一会儿。确实，在这突如其来的变化之中，幼儿有不同程度的害怕、不安、无助、焦虑、哭闹等不良情绪或行为是在所难免的。教师能否正确缓解与疏导幼儿入园初期的不良情绪或行为，使之在最短的时间内适应幼儿园生活、加入集体学习活动中，是幼儿在整个幼儿阶段乃至一生能否健康、和谐发展的一个重要因素。研究发现，幼儿对幼儿园以及幼儿园教师的第一印象会直接影响他们入园后的情绪稳定工作。因此，新入园幼儿的接待工作就显得特别重要。教师怎样做才能让家长放心地把幼儿交给自己，让幼儿尽快地适应新环境，快乐地上幼儿园呢？

**相关链接**

党的二十大报告提出，大力发展社会主义先进文化，加强理想信念教育，传承中华文明，促进物的全面丰富和人的全面发展。幼儿园教育活动中应自觉落实这种要求。

**典型案例**

嘉欣小朋友来园的第一天又哭又闹，当天晚上，张老师及时和她的家长进行了沟通。张老师发现她的爸爸妈妈工作比较忙，一直都是爷爷奶奶带她。她平日在家里爱撒娇、依赖性强，同时也是个特别爱美的小姑娘，最喜欢的动画人物就是白雪公主。第二天，嘉欣小朋友入园，依然像昨天一样又哭又闹，张老师赶紧迎上去，蹲下身来，热情地看着她说："豆豆（嘉欣的小名）早上好！豆豆今天穿的裙子好漂亮啊，就像白雪公主一样。来，让我看看。"张老师一边说，一边从妈妈的手中接过幼儿，亲切地把幼儿抱在怀中，用纸巾帮她擦擦眼泪"一哭就不漂亮了。你看，这是什么？"张老师像变魔术一样拿出一个芭比娃娃，"你的裙子和小娃娃的裙子是一样的颜色！"嘉欣很快被芭比娃娃吸引住了，虽然脸上还挂着泪珠，可是她已经开心地玩了起来。

## 一、入园时教师的接待礼仪

### （一）和善的态度

当新生刚入园时，大部分幼儿都会有一段时间的"分离焦虑期"，在这个时候，教师的态度对于幼儿顺利度过这一时期起到了很重要的作用。因此，当幼儿进入班级后，教师要用和善的态度，灿烂的笑容来迎接家长和幼儿，这样会在一定程度上缓解幼儿的焦虑，减少他们的不安全感，以使其更快地适应新环境，同时也会让家长更放心地把孩子交给老师。

### （二）温暖的肢体语言

小班幼儿入园时一般只有三岁左右。入园前，他们已习惯了在家长的呵护下生活。而入园后一切都改变了，这一巨大的变化让他们很没有

**学习笔记**

安全感。所以在接待幼儿时，教师能够蹲下来，牵牵他们的小手，给他们一个热情而温暖的拥抱，就会让幼儿对教师产生亲切感和深深的依恋，使他们觉得即使离开了家长的怀抱也依然是安全的，从而在心理上信任教师，愿意和教师一起参加各种活动。

### （三）热情主动地问候

在接待幼儿入园时，我们除了是教师，还要扮演幼儿亲人的角色。在送上一个亲切的微笑，一个爱意的拥抱的同时，还要热情主动地问候，最好能够叫幼儿的小名。

幼儿有哭闹行为时，教师要用温柔、亲切的语言劝导幼儿，绝不能用恶狠狠的语言恐吓他们。因为负面的语言会对幼儿的心理健康造成不良影响，使他们在相当长的时间里，对教师存在畏惧感和不信任感。与此同时，教师还要和家长进行简短的交流，了解幼儿哭闹的原因，以便在教育中采用恰当的方法，让幼儿在最短的时间内恢复快乐的情绪。因此，在新生入园前，教师应尽可能多地了解幼儿的生活习惯、兴趣爱好、个性特点、家庭环境，以及家长在对待幼儿教育问题上所持的观点等，以便于有针对性地教育、帮助幼儿尽快适应幼儿园生活。

对于度过了"入园焦虑"期的幼儿，教师应该积极利用早上入园环节进行礼仪教育。比如，规定相应的问候礼。

### 典型案例

引导幼儿主动向园长、教师、同伴问好："××，早上好！"引导幼儿主动向家长道别："爸爸、妈妈，再见！路上小心。"

教师亲切接待每位家长和幼儿，对幼儿的问候及时热情回应："×× 小朋友，早上好！"并给予鼓励表扬。接待教师对待幼儿要热情、微笑、拥抱、抚摸，与幼儿亲切对话，鼓励幼儿每天对教师说一句不同的话，教师同时对该幼儿进行晨检。

大、中、小班的入园环节可组织本班幼儿与教师一起接待。

引导家长对幼儿的道别要及时回应："宝宝，再见！"让幼儿自己背书包（教师酌情协助小班幼儿）。

## 二、送别幼儿时的礼仪

### （一）帮助幼儿整理好仪容仪表

刚入园的很多幼儿自理能力比较差，幼儿园教师除了在教学活动中给予他们无微不至的关心外，在结束一天的幼儿园生活时，教师还要帮助幼儿整理一下仪容，帮助每个幼儿擦干净手、脸，抹上润肤霜，梳理好头发，提好裤子，扣好扣子，拉平外衣。这个过程也是教师和幼儿亲密接触的时间，有利于增强幼儿与教师之间的感情，让幼儿感受到教师的关爱。家长接到宝宝后，都希望看到一个干净整洁的孩子，这也是园所办学实力、教学能力的体现。

### （二）主动说再见，鼓励幼儿明天愉快来园

离园时教师要主动说"再见"，这不仅是礼仪需要，同时对幼儿来说也是榜样示范作用。三岁幼儿的学习途径主要是模仿，教师的一言一行都会成为幼儿学习的对象，因此教师主动跟幼儿以及家长说"再见"对于幼儿礼貌的养成具有重要意义。在跟幼儿挥手再见的同时，最好能跟幼儿亲切地说上一句"明天我在这里等着你做游戏""明天我们再一起画画哦""明天老师在这里等你，你要高高兴兴地来幼儿园哦"，这些正面的语言对幼儿是一个积极的心理暗示，有助于提高幼儿上幼儿园的主动性。

### （三）主动和家长沟通，打消顾虑

刚上幼儿园，对于幼儿来说是个考验，对于家长来说同样是比较难熬的阶段。当家长把幼儿放到幼儿园转身走时，我们经常发现这边幼儿哭，那边家长也在掉眼泪，家长即使离开了幼儿园，却也是无时无刻不在担心，询问教师"孩子还哭闹吗？喝水了吗？吃好饭了吗？跟小朋友闹矛盾了没有？"等。因此，他们来接幼儿时迫切地想知道幼儿一天的表现，这个时候教师要主动跟家长交流反馈幼儿在园的表现，请家长放心，并鼓励家长坚持送幼儿上幼儿园。

《幼儿园教育指导纲要（试行）》指出，和谐的精神环境有利于幼儿心理建立安全感，产生愉快的心理感受。因此，教师要以理解、尊重和接纳的态度对待每位幼儿，要努力创设能使幼儿感受到支持、关心和接纳的良好氛围。新入园幼儿哭闹、情绪不稳定等分离焦虑现象是普遍存在的，但只要我们设身处地地去理解幼儿，关心爱护幼儿，让幼儿从教师的笑容中感受到温暖，让家长从教师接过幼儿那一瞬间的动作中感受到关爱，幼儿是能够很快适应幼儿园集体生活的，也会在教师营造的快乐氛围中喜欢上幼儿园，同时出现在教师面前的将是一张张活泼可爱、

学习笔记

天真烂漫的笑脸。

## 单元2　盥洗的礼仪

盥洗环节是培养幼儿正确洗手、洗脸、漱口习惯的环节，饭前、便后、手脏时能主动提出洗手。教师在这一环节中需要组织幼儿有序排队，不推不挤，有序如厕、洗手。

### 一、排队等候环节

教师组织幼儿洗手时，注意引导幼儿耐心排队等候。小班幼儿年龄较小，刚刚开始集体生活，对他们来说排队是一件比较困难的事情，他们常常出现顾前不顾后或者顾后不顾前的情况。这时候教师使用游戏的方法组织幼儿排队，如"开火车"游戏，幼儿双手拉着前面幼儿的衣角，跟着教师做开火车的动作，转移幼儿的注意力。

### 二、正确的洗手方法

在洗手的过程中，带班教师要和生活老师一起观察幼儿洗手的情况，及时提醒幼儿洗手的方法。在洗手前提醒、帮助幼儿卷袖子，洗完手后放袖子。教师可以带领幼儿边唱歌曲边洗手，如《洗手操》："张开手心揉起泡泡，手上细菌不能放掉；清洁手背你要记牢，给我指缝洗个澡澡，细菌污渍全都跑掉；清洁拇指也很重要，给我指尖搓个澡澡，顽固细菌不能放掉，洗洗手腕不要忘掉；上冲冲，下洗洗，左搓搓，右揉揉，有空再来握握手……"一边唱一边洗，提示幼儿正确的洗手方法。小班幼儿可以边说洗手的歌谣边洗手，或者参照洗手池张贴的洗手程序图片进行洗手。

组织幼儿去盥洗室，除了排队以外，教师还可以在教室组织幼儿做一些活动，如讲故事、说儿歌、练习手指谣等活动，安排幼儿分组去盥洗室。

最后教师还要提醒幼儿在洗干净手的前提下，节约用水、香皂或洗手液，不玩水，更不能打闹嬉戏。擦完手后将毛巾挂到正确的位置上。（图9-1）

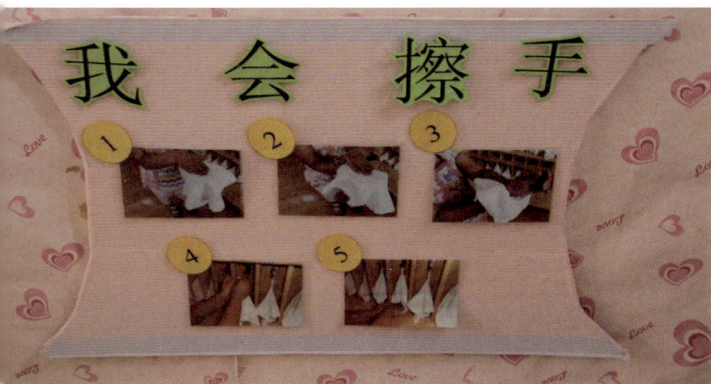

图9-1

### 三、正确的漱口方法

指导幼儿使用正确的漱口方法：左手拿水杯，嘴里含一口水，闭住嘴鼓腮让水在口腔内冲刷口腔及牙齿三至四下，然后低头弯腰将水吐入水池内，吐水时避免溅起的水花弄脏自己或他人。连续进行三四次即可，漱口完毕后将水杯放回原处、摆放整齐。注意，漱口不要影响他人，不要拥挤。

### 四、幼儿如厕环节

#### （一）幼儿如厕时教师应观察并予以帮助

幼儿各项器官发育不完全，教师应允许幼儿根据需要随时大小便。教师还要在饭前、外出、入睡、起床后提醒幼儿上厕所，提醒幼儿便后要洗手。

在如厕环节，小班幼儿园教师应指导幼儿熟悉厕所环境，了解厕具的使用方法，向幼儿讲解站的位置，怎样脱裤子和整理裤子，如何大小便，如何正确使用手纸。一般幼儿如厕的间隔时间为 40 分钟左右，教师每隔半小时提醒幼儿，还要记住哪些幼儿去了，哪些没有去，下次如厕的时候，没去的幼儿是提醒的重点。帮助幼儿养成按时如厕的习惯，让幼儿由教师提醒如厕过渡到自己能够按需如厕。

#### （二）幼儿园教师观察幼儿的身体表现

幼儿的身体表现会给予我们一些信息，尤其小班的幼儿还不太会表达自己需求时，教师更需要具备观察幼儿行为细节的能力，如扭屁股、突然涨红脸不动、用手摸小屁股等，代表幼儿需要如厕了。根据幼儿的行为表现及时给予提醒，有利于培养幼儿如厕的习惯。

如果幼儿尿湿了衣裤，教师应为幼儿及时更换，防止幼儿感冒。教师还应注意不要在班级里幼儿面前批评或者宣讲 ×× 小朋友尿湿衣裤的事情，要注意保护幼儿的心理。对尚未建立排便反射机制的幼儿，教师提醒家长多准备几套内外衣裤备用。

幼儿如厕后，教师应及时清洗厕所、水池，对毛巾进行消毒。要保持洗手间地面干爽，防止滑倒。幼儿在盥洗过程中，教师应全程观察，如有幼儿弄湿了衣服要及时为幼儿更换，防止幼儿感冒。有条件的幼儿园应将男、女卫生间分开，从小培养幼儿按性别选择如厕房间。

学习笔记

## 单元 3　正餐与间点环节的礼仪

幼儿园通常会准备午餐、间餐和晚餐，中途还会配发水果或小点心，有些幼儿会在幼儿园食用三餐。幼儿的餐桌礼仪要从小培养，养成其文明用餐、举止得体的好习惯。

在进餐环节中，教师的任务是引导幼儿掌握餐具的正确使用方法，养成良好的就餐行为习惯。教师要在幼儿进餐时，做好幼儿的辅助工作，如小班幼儿年龄较小，动手能力不强，身体协调能力和力气受到限制，餐品需要由教师统一发放，或教师提前放餐完毕后，幼儿再有序用餐。在本节中，我们重点探讨教师如何使用规范的餐桌礼仪，引导幼儿有礼貌地就餐和指导幼儿学习用餐礼仪。

### 一、幼儿就餐环境要求

#### （一）用餐室内环境布置

幼儿在教室进餐，保育教师应保证教室通风无异味，物品摆放整齐有序，就餐桌面按照规定进行清洁和消毒。有条件的幼儿园还可以布置统一的桌布、餐巾、餐垫等。

#### （二）安排就餐背景音乐

在就餐时间播放优美、舒缓的纯音乐，在不同乐器的演奏中，让幼儿轻松、愉快地完成用餐，这有利于激发幼儿用餐的主动性和积极性。

就餐音乐播放时间以 20~30 分钟为宜，音量不宜过大，意在创设愉悦、平静的就餐氛围，培养幼儿良好的进餐习惯。

### 二、就餐环节工作内容

#### （一）餐前准备环节礼仪

就餐环节主要由保育教师负责。在准备环节中，保育教师应按照相关要求清洁双手，取幼儿餐具，对餐桌进行清水擦拭。保育教师穿戴好开餐服，分类在每桌摆放餐具、餐巾纸、擦桌布、残渣盒或渣碟，将进餐餐具在分餐桌上按规定整齐有序地摆放。然后保育教师面带微笑，准备向幼儿发放餐食。大班还可以安排值日生协助保育员教师发放餐具。

#### （二）分发餐食环节工作礼仪

教师协助保育教师照顾幼儿进餐，教师应做到熟练掌握每个幼儿的进餐食量，为每个幼儿发放、盛取饭菜时应少量多次，保证幼儿吃饱吃

学习笔记

好。小班幼儿年龄较小，一般由保育教师提前将餐分好后放在桌子上。有的幼儿园为了锻炼幼儿的自我管理能力，会安排中班以上的幼儿自己取餐，这就要求幼儿养成有序取餐的好习惯，在取餐时学会向保育教师道谢。教师借此机会对幼儿进行感恩教育。

### 三、教师的就餐指导工作

在幼儿进餐时，教师应在一旁观察，及时指导幼儿完成就餐，对有需要帮助的幼儿给予帮助。幼儿园可以安排教师介绍食谱，并要求幼儿一定要认真听。有条件的幼儿园，可以统一发出用餐指令。教师说："请小朋友们用餐。"小朋友们要说："谢谢老师，大家请！"

#### （一）幼儿餐桌礼仪培养

幼儿的餐桌礼仪可以体现一个家庭的教养水平，学习餐桌礼仪应从幼儿抓起。

① 排队取餐不打闹、不推搡小朋友，安静、有序地取餐。

② 取餐完毕后应向教师道谢。

③ 用餐时，保持安静，细嚼慢咽，吃东西不能发出太大声音，不和其他幼儿聊天、说话，学会闭口咀嚼食物。

④ 不在就餐时用筷子、勺子等敲打餐盘。

⑤ 不将筷子插放在碗内，不舔筷子。

⑥ 骨头等异物用手从嘴里取出后放到渣碟中，不直接吐在餐桌上。

⑦ 打喷嚏、咳嗽时，应背向餐桌和其他幼儿，并用手或餐巾遮住口鼻。

⑧ 需要添饭时应举手向教师示意。

⑨ 注意保持桌面、地面、碗内的干净与整洁，残渣要放入托盘。

⑩ 用餐完毕后擦嘴，起身收拾完桌面，最后将小椅子收好。

⑪ 协助教师将碗盘送到指定位置，分类摆放。

#### （二）教师的指导工作

##### 1. 教师的饭前指导

就餐环节教师可以对幼儿进行排队取餐、入座、收拾碗盘、擦桌子、就餐礼仪等习惯的培养。餐前幼儿排队等候时，教师可组织幼儿唱歌、朗诵儿歌、讲故事等，适当做一些餐前准备活动，避免较长时间的枯燥等待。

### 2. 教师指导就餐

① 教师观察幼儿取餐、进餐及餐后情况，特别注意关注个别幼儿的进餐情绪，指导幼儿安静地就餐。

② 教师指导幼儿正确使用餐具，保持正确的就餐姿势，并及时提醒幼儿正确的做法。

③ 当发现个别幼儿需要指导时，教师应走到幼儿的旁边，蹲下与幼儿交流，避免远距离地大声呵斥或叫嚷，影响其他幼儿的进餐情绪。

④ 幼儿进餐时，教师不拖地、不扫地，也不要催促幼儿快速进餐，要鼓励幼儿充分咀嚼，不挑拣食物，不偏食。

⑤ 教师必须保证午餐时幼儿的进食量，当幼儿吃完时教师应及时添加餐食；冬天，教师应多照顾体弱、吃饭慢的幼儿，不能让幼儿吃冷了的饭；有的幼儿还需要教师喂饭，对于体弱、肥胖、特殊的幼儿给予特殊照顾。

⑥ 教师教给幼儿正确使用餐巾纸的方法。双手拿起餐巾纸，拇指在上，从嘴角向中间擦，对折餐巾重复再擦一遍后，揉成小球放入残渣盘中。（图9-2）

### 3. 教师指导饭后行为

就餐完毕后，教师和幼儿使用擦桌布整理餐桌，将掉在桌子上的食物残渣收集到残渣盘中，放好使用的座椅。

指导幼儿正确地将使用过的餐具收回：把勺子放入碗中，如果使用筷子，将筷子横放在碗上，之后将碗放在盘子上，双手四指托盘，拇指扶碗和勺子或将筷子牢牢按压在碗上，将餐具按要求分类放到指定位置并摆好。

最后到洗手池清洁双手、漱口，到指定区域玩耍休息。

餐桌礼仪较烦琐，但很重要，不仅关系到幼儿的健康成长，而且关系到幼儿的礼仪修养。教师要在各个环节做好表率，带头不挑食，不喧哗，遵守餐桌礼仪。

## 四、午后活动安排

午餐就餐完毕后，可组织幼儿进行10~15分钟的散步、读书或者讲故事等安静、轻松的活动，要求幼儿不做剧烈活动，不能马上入睡。

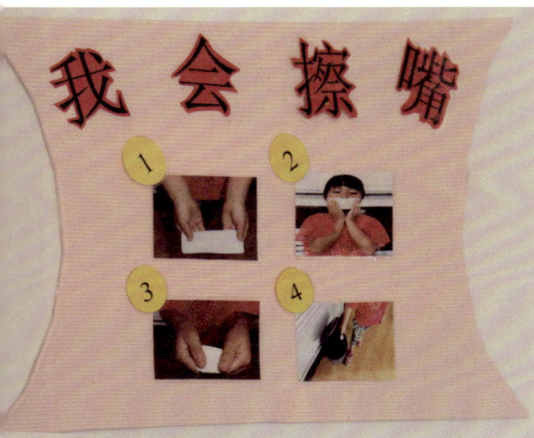
图9-2

散步时，观察幼儿餐后行动，对幼儿的不良行为及时纠正。在散步活动中，培养幼儿向遇到的教师主动打招呼的习惯，如"老师好""园长好""阿姨好"等。在经过办公室或者其他教学班级时指导幼儿应保持安静，上下楼梯靠右走，不拥挤玩闹。

入睡前教师必须检查幼儿口中是否还有饭菜，衣服口袋里是否有异物。

## 单元4　教学活动中的礼仪

在教学活动中，教师清新得体的仪容，富有情感的有声语言以及带有积极情感的肢体语言可以为幼儿创设良好的学习情境，同时，每个教学环节还有需要特别关注的细节。

### 一、晨间活动礼仪

幼儿园教师需要每天组织幼儿到户外活动，若遇地上潮湿，就在室内组织。冬天户外活动时，教师需带幼儿跑步暖身，再组织各种体育活动或舞蹈活动。在室内活动时，教师要求幼儿多参与活动，不能一直静坐、写字、看书。

教师要引导幼儿积极参加活动，愿意、喜爱参加活动，并培养幼儿的团队意识和合作意识。同时，在相互合作中，教师把礼貌用语教学贯穿其中，如"对不起""没关系""请""谢谢"等。

在幼儿园开放日，家长可参与幼儿的活动，教师在参与活动的同时细致观察幼儿的情况，对小班幼儿，尤其应积极鼓励性格内向、依赖性较强的幼儿独立参加活动。

### 二、升旗仪式礼仪

升旗仪式不仅是幼儿养成教育的一部分，也是爱国主义教育的启蒙。教师要引导幼儿排好队，面向旗杆站好，双臂自然下垂，安静站立。如果戴了帽子，需要摘下。保持端庄、严肃的体态语，不得手装裤兜、不得东张西望、不得交谈、不得走动。

升旗时，要面对国旗行注目礼。如果奏唱国歌，教师和幼儿可以随着国歌声响起，一起高唱。升旗仪式时，教师一定要给幼儿正确的示范。

**相关链接**

党的二十大报告提出，教育是国之大计、党之大计。培养什么人、怎样培养人、为谁培养人是教育的根本问题。育人的根本在于立德。全面贯彻党的教育方针，落实立德树人根本任务，培养德智体美劳全面发展的社会主义建设者和接班人。幼儿园的集体教学活动要把这一要求落实到每个教学环节中去。

**学习笔记**

### 三、教学活动礼仪

习惯从小养成，幼儿教育阶段不仅要养成他们良好的生活习惯和行为习惯，还要养成很好的学习习惯。教师在教学活动中要规范幼儿的课堂行为，养成幼儿专心倾听的习惯，不要随便打断教师说话和同伴发言；幼儿有事举手，经允许后再发言；幼儿回答问题声音大小、速度适中。同时，在教学活动中，教师要规范幼儿遵守活动的规则，指导幼儿学会商量，能尊重别人的意见；观看同伴的表演时，幼儿能保持安静、守秩序；课堂教学或活动结束后，幼儿会向教师道谢。

教师在教学活动中，除了要扮演好组织者的角色，还要用自己得体的教师礼仪强化幼儿的习惯，做到表情亲切、轻声细语、动作轻柔，目光有神而充满疼爱；耐心倾听幼儿的发言，目光注视并及时给予肯定；对幼儿的感谢及时真诚回应。学会正确的、具体的、充满爱心的赞扬、鼓励幼儿。

在班级管理中教师要尝试使用肢体语言传达指令，对幼儿进行常规培养。在音乐活动课上，教师使用固定旋律传递进入教室的指令、发声练习队形的排列指令等信息，幼儿听到熟悉的旋律时明白教师要求自己的下一步行为是什么。这样的常规培养可以减少教师使用指令的次数，培养幼儿的合作性与默契度，使班级管理更加有序，也降低教师用嗓过度的概率。

### 四、课间活动礼仪

课间活动时，教师要教会幼儿安全地自选活动或按照教师安排的内容进行活动。

培养幼儿准备好下一节学习用品后方可离开座位。不去厕所的幼儿在座位上休息或排队到操场跑步玩耍。在活动中，教师教会幼儿学会与同伴商量："我和你一起玩，好吗？"幼儿不能在活动室内跑动，规范行走，途中右行礼让；楼梯内、走廊内不能停留，不大声喧哗，不拥挤，不奔跑追逐打闹，不滑楼梯扶手，手不摸墙壁；见到教师和来校客人停下脚步主动问好。幼儿如果使用了物料或玩具，一定要在上课前物归原处。

教师要关注幼儿的活动情况，也可利用这一时间进行个别淡话；严禁把幼儿放在一边然后处理自己的私事。严禁幼儿无故出校门；对于存在安全隐患行为，应及时制止；对表现突出或有进步的幼儿，及时给予肯定。

### 五、户外活动礼仪

户外活动主要包括早操、散步、户外游戏、体育活动等。对幼儿而言，户外活动既是体育锻炼，又是集体活动。户外活动能增强幼儿的体质，培养幼儿参加体育活动的兴趣和习惯，同时培养幼儿的团队合作精神与人际交往能力。教师要采用幼儿感兴趣的活动方式，提高幼儿动作的协调性、灵活性，培养幼儿坚强、勇敢、不怕困难的意志品质和主动、乐观、合作的态度。

在户外活动中，教师的主要任务有四项。第一，根据幼儿的年龄特点设计活动内容，选择活动器具；第二，保证活动场地和空间的安全性和大小；第三，在活动前要检查幼儿的衣物，如鞋带、衣物、发饰等是否完好，是否安全；第四，活动前向幼儿提出活动要求并讲解注意事项，同时调动幼儿的参与性，鼓励幼儿积极参与体育活动和游戏活动，达到增强幼儿体质，培养意志的目的。

教师组织幼儿进行户外活动时需要注意以下事项。

#### （一）干净整洁，利于活动

##### 1. 服饰要求

户外活动的内容，决定了教师服饰应以运动款的服饰为主。避免穿裙装，不穿硬底鞋，不宜穿过于紧身的衣服或短小的衣服。

##### 2. 发型要求

做户外活动时，还要考虑发型。披头散发显然不适合做户外活动。如果教师是盘发，要注意发卡是否会松动掉落，而伤到幼儿。如果是马尾，也要注意过长的马尾在运动中也会妨碍活动，甚至对幼儿造成伤害。

##### 3. 鞋子要求

户外活动应以舒适、便于运动的鞋子作为首选，避免穿鞋底过硬、装饰物过多且易掉落的鞋子，如铆钉鞋、松糕鞋等。

##### 4. 首饰的佩戴

在户外活动时，教师也要注意首饰佩戴问题，如项链、戒指、脚

学习笔记

链、耳钉等。在活动前应摘掉。

### （二）设计合理，运动适量

#### 1. 场地的准备

户外活动应考虑场地的大小，场地的安全措施，是否有安全隐患，场地地面情况是否适合开展活动，用电用水问题等。同时，夏季应注意温度，在下午活动时可以选择树荫下等，防止幼儿被晒伤或中暑。

#### 2. 活动器具的准备

活动前教师应检查活动器具，保证幼儿使用的安全性。保证器具的数量，让幼儿充分活动。

#### 3. 科学适量的活动

活动量的把控要考虑科学性，活动量过多，幼儿的身体吃不消，而运动量不够，也不能很好地促进幼儿的身体发育。教师在设计活动时，应考虑幼儿的年龄特点，身体发展情况，运动方式的侧重点，活动时间和活动量的把控，活动应动静交替。活动量设计符合幼儿的身体发展。

#### 4. 创设宽松、接纳、理解、支持的精神环境

创设这些环境后，使幼儿有安全感、愉悦感和被信任感，积极、主动、愉快地参加各种活动。（图9-3）

### （三）关注细节，保证安全

#### 1. 安全是第一位的

在活动中教师要保证幼儿安全，不出意外。教师对于危险要有预见性，如在活动区域内有尖锐的物体存在时，或有危险标志的地方，应让幼儿远离。

图9-3

#### 2. 细心照顾

室外活动受到天气和温度的限制，教师应根据天气为幼儿添减衣物。幼儿的生理特点决定了在活动中幼儿爱出汗，出汗后如果不及时处理，会导致幼儿生病。教师应及时让幼儿更换干净的衣服，出汗不多的，可以用干净的毛巾擦干。出汗过多的，及时更换衣服。

幼儿的身体素质各异，能承受的活动强度也不一样，教师应时刻观察幼儿的运动情况，对运动过量的幼儿予以提示，对于不爱运动的幼儿多鼓励，慢慢引导。（图9-4）

### 3. 适当引导

活动中难免会有冲突，教师的适当引导可以避免冲突的发生，但要注意方式方法，充分体现教育渗透在每一个环节。

### 4. 及时鼓励

用手势语、表情语表扬幼儿的积极、认真。

在户外活动中，教师与幼儿一起加入活动中来，有利于教师与幼儿情感的增进。教师的参与能够让幼儿更加乐于展示自己，教师在活动中对幼儿及时进行肯定与鼓励，有利于提高幼儿的参与兴趣，达到更好的活动效果。（图 9-5）

图 9-4

图 9-5

### 5. 适时进行礼仪教育

在户外活动中，教师应培养幼儿互谦互让礼貌玩耍、互帮互助协作完成、互相邀请多多参与、互相鼓励多多支持的友爱、协作、团结的精神。教师在活动中需要引导幼儿以适当的方式与同伴玩耍，引导幼儿情绪愉快地边听音乐边跟随老师运动、游戏。活动结束后，幼儿向教师鞠躬表示感谢。

教师要妥善组织活动环节，活动时尽量保证每个幼儿都能积极主动参与，班级气氛活跃。领操教师需要精神抖擞，动作标准，热情积极地参与活动。带班教师应配合领操教师或音乐轻声引导，做器械操时使用器械注意安全。

学习笔记

## 单元 5　睡眠室的礼仪

幼儿在幼儿园一般要完成午睡，午睡可以保证幼儿在完成集体教育活动和各种游戏活动后的体力恢复，也有利于他们的健康成长。另外，午睡时间也是幼儿内分泌系统释放生长激素最旺盛的时候，对幼儿的身体发育、身体健康和学习状态有着重要的影响。因此午睡对于幼儿来说是十分必要和重要的。根据幼儿的年龄特点，午睡时间一般为 1.5~2 小时。为创设温馨的睡眠环境，在睡眠准备时播放舒缓的睡眠音乐，帮助幼儿进入睡眠情景，尽快入眠。

### 一、教师看午睡的工作礼仪

#### （一）睡前准备工作

① 创设安静舒适的睡眠环境。教师提前做好开窗通风的工作，保证

室内的温度，培养幼儿进入睡眠室后保持安静的习惯。教师在睡眠室说话的语气和语调也应保持柔和轻声。睡眠室开着的窗户或空调，注意不要直吹幼儿的头部，以免引发感冒。

② 提醒幼儿如厕，保证幼儿睡眠。入睡前教师应提醒幼儿如厕、洗手，帮助女孩子拆掉小辫，保证幼儿的睡眠质量。

③ 指导幼儿按顺序穿脱衣服。训练幼儿进行脱衣练习的顺序为：脱鞋—脱袜—脱裤—脱衣，帮助幼儿折叠衣服，将叠放好的衣服整齐地放在固定的地方。

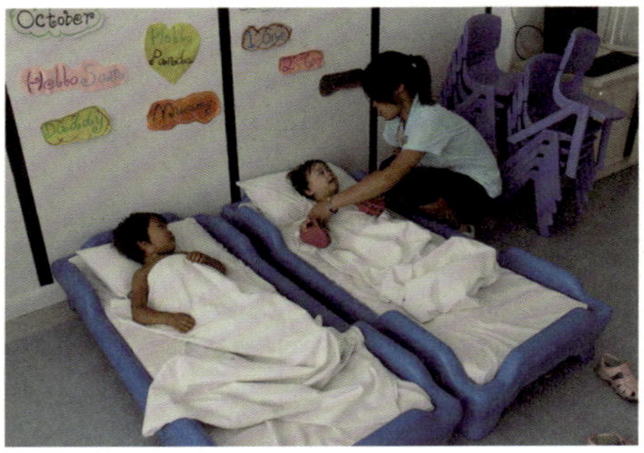

④ 幼儿上床后，教师还要检查幼儿的床铺，不能有玩具或异物。一些细小的物品，有导致幼儿窒息的可能性，因此，教师要防止幼儿将异物带到睡眠室。

⑤ 教师要纠正幼儿不良的睡眠习惯。指导幼儿使用正确的睡眠姿势入睡。不蒙头睡觉，不口含食物睡觉。（图9-6）

图9-6

**（二）睡眠中的工作**

① 幼儿进入睡眠之后，教师应巡视幼儿的睡眠情况，及时给幼儿盖被子，防止着凉。如条件允许，教师可在睡前对每个幼儿进行安抚，尤其是小班幼儿。

② 教师在照顾幼儿午睡时，应面朝幼儿，随时关注幼儿的情况，发现问题及时处理。例如，易尿床的幼儿应及时提醒其如厕。睡眠中起床如厕的幼儿因还未睡醒，教师应跟随前往盥洗室，防止发生意外。

③ 对于睡眠困难的幼儿，教师可以让幼儿从闭上眼睛休息开始，慢慢培养幼儿的午睡习惯。个别小班幼儿睡眠困难，有哭闹现象，教师应将其带离，以免影响其他幼儿入睡。

④ 对于不午睡的幼儿，应有专人负责看管，可采取将全园不午睡的幼儿放在一起统一管理，组织他们参加安静的区域活动等。

**二、幼儿起床后的教师工作**

睡眠时间结束，教师应轻声唤醒幼儿，或者播放舒缓的音乐唤醒幼儿，让幼儿有一个温柔的起床环境。教师要避免大声呼喊叫醒幼儿，这既不符合礼仪规范，也易使幼儿受到惊吓，久而久之会造成心理创伤。

① 午睡结束后，指导帮助幼儿按顺序穿衣服。

学习笔记

穿衣顺序：上衣—裤子—袜子—鞋。幼儿穿好后，教师要逐一检查，帮助幼儿整理衣服。中、大班可以组织幼儿相互检查。

② 教师帮助女孩子梳理头发。教师需要学习几种幼儿发型的梳理方法。能够给女孩子梳理出漂亮发型的教师，一定会得到幼儿和家长的喜爱。

③ 指导幼儿整理床铺，学习叠被子的方法。教师整理床铺时，应将被子叠成统一大小，将枕巾、枕头放在被子上面。发现尿床的幼儿，应注意保护幼儿的隐私，可以单独了解幼儿尿床的原因，不要在全班幼儿面前指责幼儿，及时对潮湿的床品进行清理或更换。最后，对睡眠室进行通风，保证睡眠室的空气流通。

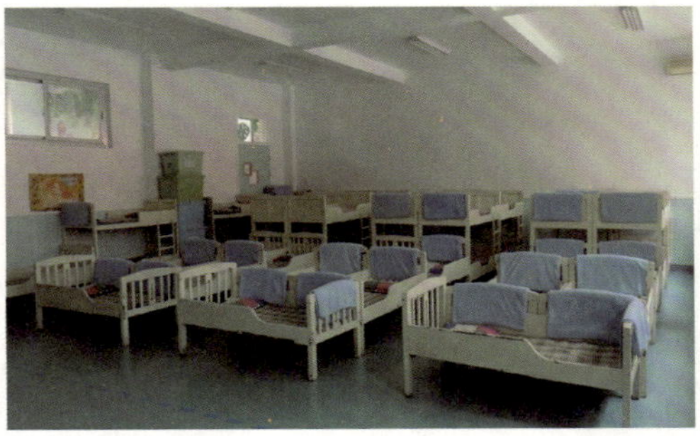

④ 教师在整理床铺时还要检查床铺的安全问题，如发现木刺、钉子凸起、床架松动等安全隐患应及时清除，预防安全事故的发生。（图9-7）

图9-7

### 三、教师要做好午检工作

幼儿午睡时，教师要加强巡视，发现问题及时处理。幼儿起床后，教师应注意观察幼儿的精神状态，幼儿如果目光呆滞、面带潮红、呼吸急促，有可能是生病了，教师应及时请保健医检查状况，做及时处理。如果情况严重应及时通知家长。

在本节中，我们介绍了教师如何培养幼儿的午睡习惯和生活习惯，如按时睡觉、及时起床、穿脱衣服、折叠衣物和整理被褥等。从小培养幼儿自己的事情自己做的习惯，同时还培养幼儿帮助他人的友爱品质。礼仪行为规范的要求可以浓缩为四个字：净、静、敬、雅，而这四个字在本节中能够得到较直观的体现。

学习笔记

## 单元6  教研活动中的礼仪

"教而不研则愚，研而不教则虚。"教研活动是幼儿园保教业务管理中必不可少的一部分内容，是教育研究工作或活动的简称。幼儿园教研活动直接针对教育实践中的问题或疑难确定课题，采用科学的研究方法，通过研究揭示科学的保教规律，进而改善和提高保教质量，促进幼儿身心和谐发展的一种研究活动。幼儿园的教研活动一般包括集体研讨学习、教育活动观摩和评价、集体备课等，在这些不同形式的教研活动中我们都需要注意哪些礼仪呢？

## 一、教研活动基本礼仪

### （一）个人形象有要求

幼儿园教研活动形式多样，常有操作性的学习内容，因此要避免穿过小、过透、过露、过紧的服装，最好穿统一的园服或者便于活动的服装。另外，在学习研讨时要注意仪态，不能认为大家是同事就可以随便一些，要做到站有站相，坐有坐相，不要出现不雅的动作等。

### （二）参加教研要守时

每位教师都要准时参加教研活动，做到不迟到、不早退，不无故缺席，因故不能参加的要向相关负责人请假。

### （三）教研学习要专注

教师要认真对待教研活动，活动前按通知要求做好准备，参加教研学习时带好相关资料。参加教研学习时思想集中，遵守纪律，不随便离席，不随意走动。手机要关闭或调至静音状态，无特殊情况不打电话，不接电话。不做与教研活动无关的事情。

### （四）参与讨论要积极

教研时要积极参与讨论，认真做好记录，尊重别人的发言，不交头接耳。力争做到：人到、心到、口到，努力形成争鸣、探究、团结的教研氛围。

### （五）资料上交要及时

幼儿园教师要积极收集、整理、编写教育教学资料的工作，按规定完成教研记录、教育笔记、教案、学期总结、论文等工作，并在规定时间内及时上交。教研组长也要及时批阅各项资料，并做出评价。

### （六）物品管理要到位

教研室的物品要定位，分类摆放整齐。做值日的教师要认真打扫卫生，平时教师要注意保持教研室的干净整洁。教师借用教具需登记，用后及时归还。教研资料原则上仅供园内教师查阅，一般不能外借、不外传，确需外借时需相关领导批准，并办理借阅手续。

---

### 我的任务

掌握教研活动中要注意的礼仪，做一个谦虚、有礼的老师。

### 相关链接

党的二十大报告提出，真心爱才、悉心育才、倾心引才、精心用才，求贤若渴，不拘一格，把各方面优秀人才集聚到党和人民事业中来。教研活动是培养幼儿教育人才的重要途径之一。

### 学习笔记

## 二、教育活动观摩和评价的礼仪

① 授课人要提前做好准备，力争所授内容能起到榜样示范作用。

② 听课的教师要准时，听课期间不讨论、不交流，不干扰、不参与幼儿的活动，保持教研观摩活动的安静有序。

③ 认真填写听课记录及评议，月末按时上交个人听课记录，由教研组长批阅。

④ 评课要讲究语言艺术，要以激励为导向，坚持正面引导与鼓励，对于存在的问题既要态度明确，又要积极建议，真诚帮助同伴提高教学能力。教研组要重视对教师的指导与培养，特别是要做好新教师的指导工作，使新教师在业务上尽快得到提高。

## 三、集体备课时的礼仪

集体备课是指教师以教师团队为纽带，既有分工，又有合作，资源共享，设计出既凸显教学共性，又具备教师个性的文案。集体备课是提高备课质量的重要形式，是促进教师相互合作和专业发展的有效形式，在以老带新方面有着不可替代的作用。同时，充分集思广益，将个人才智集中、浓缩、转化为集体优势，共同提高教学质量。

在集体备课时要避免集体讨论流于形式、集体备课只局限于设计教案，还要注意以下几点。

① 集体备课时，教研组长要根据本学期的教学内容，结合本教研组组员特长，给组员做好分工，确定各主题的中心发言人，即主备人。主备人应在课程开始一周前把所备初稿交到同组任课教师手中。

② 集体备课时，教师以备课组为单位对主备人的备课初稿进行讨论、修订。这一过程应该真正成为师师互动的过程，主备人介绍了设计思路以后，其他教师可以畅所欲言，肯定设计的精彩之处，同时，对有待完善之处提出合理的意见和建议，也可提出不同的设计方案，让大家共同品评。最后形成的教案要达到统一教学目标、统一教学重点和难点、统一课程设计。

参加集体备课的教师要做到不迟到、不早退，要认真听取中心发言人的发言，认真记录并积极发表自己的见解。不能大声喧哗或闲聊私人问题，以免影响他人，更不能查阅与本次集体备课无关的内容。

③ 集体备课时，教师发表不同意见和建议要就事论事，不要随意贬

学习笔记

低别人，也不要随意下定论，遵守言谈礼仪规范。

**拓 展 学 习**

### 一日流程环节中的背景音乐选择

音乐是来自人类灵魂深处的声音，它蕴含着人类丰富的情感，带给人美好的遐想和不同的心理感受。幼儿是天生的音乐家，随着年龄的增长，他们对音乐的感受日益丰富和发展，音乐借助肢体语言的表现力也日益增强，他们会随着音乐舞动手、脚，还可以自由地旋转和蹦跳，这是他们在用身体表现内心的感受。音乐可以促进幼儿的身心发展，因此，在幼儿园活动中，音乐是幼儿教育不可缺少的内容，应该伴随幼儿的成长。

如何选择音乐呢？我们可以结合幼儿园的一日活动流程，即入园、进餐、室内游戏、户外活动、午睡、起床、离园七个活动来选择背景音乐。背景音乐的播放，需要考虑以下几个方面的要求。

第一，音乐风格与教育活动、情感需求相统一。例如，午睡、就餐环节的音乐应以舒缓的器乐作品为主；入园、离园环节可选择节奏明快，充满愉悦情绪的音乐；室内游戏环节与户外活动环节可根据活动节奏、活动内容选择相应的儿童歌曲或世界名曲。

第二，音乐体裁与音乐风格的多样性。音乐不局限于声乐歌曲或器乐歌曲，也不局限于古典音乐或现代音乐。要使用不同风格，不同体裁，多元化、丰富的音乐环境。以古今中外的经典作品为主，可以是声乐、器乐、电子音乐，独奏、合奏、协奏等不同的演奏形式，也可以是合唱、独唱、儿歌、民谣、童声、民族、美声等，古典音乐、浪漫主义音乐、现代音乐等都可以涉猎，不同形式的音乐带给幼儿不同的音乐体验。

第三，音乐与节庆活动相结合。对应每个节庆活动，选择合适的音乐，可以在烘托节日氛围的同时，对幼儿进行艺术熏陶。比如，国庆节播放《今天是你的生日》，教师节播放《长大后我就成了你》《每当我走过老师的窗前》，母亲节播放《烛光里的妈妈》，重阳节播放《夕阳红》等。

北京市在贯彻《幼儿园教育指导纲要（试行）》实施细则中，就艺术领域的实施要点进行了专门论述：艺术教育不仅可以发展幼儿的审美能力，而且还可以促进幼儿身体协调能力、认知能力、社会交往能力，特别是想象力、创造力的发展。整合各个领域活动，满足幼儿多方面发展的需要，促进幼儿健全人格的形成。艺术教育不能局限于规定的艺术教育的课堂上，我们可以利用能够看到、听到、感受到的方式，随时用视觉环境、听觉环境、触觉环境让幼儿得到艺术的熏陶。

**情 景 演 练**

今天是甜甜小朋友上幼儿园的第一天，甜甜拉着妈妈的手不松开，又哭又闹不进教室，请问如果你是今天接待甜甜的老师，你会怎么做呢？

如果你是小班的幼儿园教师，在幼儿盥洗的环节中，你如何安排幼儿有序地完成呢？

## 思考与练习

1. 设计、练习几个小游戏，可以让幼儿在盥洗排队、洗手环节时使用。

2. 练习几个转移幼儿注意力的小游戏。

3. 如果你碰到哭闹的小朋友，怎样快速地让幼儿的情绪稳定下来？

学习反思

学习笔记

# 模块十　幼儿园教师的接待礼节

## 学习目标

1. 学习礼貌接待来幼儿园参观的家长和幼儿。
2. 学习礼貌地接打电话。
3. 了解召开家长会的基本礼仪要求。
4. 知道家访活动需遵守的礼仪规则。
5. 掌握教师办公室礼仪要求。
6. 了解基本的位次礼仪，如行进时的位次排列，上下楼梯、上下电梯的先后次序，会客时的位次排列，以及合影、会议中的位次排列等。

## 学习重点与难点

◆ 学习重点

了解不同场合的接待礼仪，理解其在实际工作中的重要性。

◆ 学习难点

会客中的位次排列，学会在实践中根据不同情境灵活运用。

## ？ 我 的 问 题

"幼儿园的活动非常多，除了每天入园和离园时要接待家长和幼儿，有时候还有各种各样的会议，特别是参加一些重要的活动时我很迷茫，不知道该怎么安排位次，曾经有一次给来园参观的教师安排了不当的位置，这给本来很圆满的活动留下了遗憾……"

## 单元1　接待家长与幼儿的参观礼仪

### 我 的 任 务

掌握接待家长与幼儿的参观礼仪，分小组进行角色扮演，熟练掌握接待流程。

　　参观指有计划、有准备地对特定的项目进行的实地观摩与考察。上幼儿园是幼儿从家庭生活走向社会生活的第一步。在入园之前，很多家长都会带幼儿来幼儿园参观一下。一是了解一下幼儿园的基础设施、教学理念；二是可以让幼儿提前熟悉一下幼儿园的环境。因此幼儿园教师的接待工作会直接影响家长对幼儿园的选择。教师给幼儿的第一印象也会影响幼儿入园后的情绪稳定工作。那么教师应该怎样做才能给家长和幼儿留下良好的印象呢？

### 一、良好的仪表，大方得体的仪态

负责接待的教师要衣着整洁，可以穿统一的制服或者方便活动的服装，最好化淡妆，避免浓妆艳抹，同时保持手部整洁，指甲修剪整齐，勿涂抹鲜艳指甲油。举止文明，站立自然，行姿得体，坐姿文雅，落座时不要东摇西晃，站立说话时勿叉腰或两手交叉在胸前。

### 二、积极乐观的情绪，亲切的微笑

教师要以饱满的情绪接待家长和幼儿，让他们感受到自己的热情与主动。如果教师的情绪是积极的，那么家长和幼儿的情绪就会因为受到教师的感染而更加愉悦。相反，如果教师的情绪是消极的，家长和幼儿也会受到相应的影响。教师亲切的微笑会让幼儿感受到友好、善良而愿意和教师接近。一个面带微笑的教师更容易获得家长、同事、领导的信任。

### 三、热情主动的沟通和交流

在接待来参观的家长和幼儿时，我们除了送上一个亲切的微笑，还要热情主动地沟通和交流，了解幼儿的基本情况，如年龄、是否上过早教、生活习惯、兴趣爱好、个性特点等。教师在与家长简单的交流中，掌握幼儿的基本情况，最好能够问问幼儿的小名，然后找个切入点与幼儿聊一下，如"甜甜你好，你今天穿的裙子真漂亮"。对于一些害羞、被动的幼儿，我们更应该用轻柔的动作、关切的神情，减少他们内心的焦虑不安，让幼儿感受到教师是可爱、可亲的，教师像好朋友。对于家长的提问要有问必答，百问不厌，避免说"不知道""不清楚"等语言。

学习笔记

### 四、温暖的肢体接触

在带领家长和幼儿参观的过程中，教师应蹲下来，牵牵幼儿的小手，拍拍幼儿的小脑袋，和他们做个小游戏。这种具体而又直观的肢体语言不仅能让幼儿真实地感受到教师的关爱，而且会让幼儿对教师产生亲切感和依恋感，在心理上对教师建立起一份信任感，有助于减轻幼儿的分离焦虑。教师对幼儿的关注也会让家长对教师充满好感，从而教师给家长留下美好的第一印象。

### 五、用心服务，耐心解答疑问

参观完幼儿园的基础设施后，我们可以请家长落座，详细向家长介绍幼儿园教育教学、卫生保健、后勤保育等工作情况，讲解时要突出幼儿园优势和特色，对于家长的疑问要耐心解答，同时不要忘记登记家长资料，询问家长意向，以便于后续的招生工作。

### 六、礼貌道别，真诚邀约

当家长和幼儿参观结束向教师告辞时，教师应以礼相送，双方可握手告别，也可挥手说"再见"，一般送家长和幼儿到幼儿园大门口。在分别时教师最好能跟幼儿亲切地说"欢迎来上幼儿园，老师在这里等着你来"。这些正面的语言对幼儿是一个积极的心理暗示，有助于提高他们上幼儿园的积极性和主动性。

总之，教师在接待来参观的家长和幼儿时，要做到热情主动、礼貌相迎、主动关怀、耐心细致，以理解、尊重和接纳的态度对待每位家长和幼儿，相信家长会放心地把幼儿送到幼儿园，同时幼儿也会在教师营造的快乐氛围中减少、减轻入园焦虑，从而完成人生教育的第一步，做好入园的顺利过渡。

## 单元2　接打电话的礼仪

使用电话是现代社会最常见的一种交际方式，具有快捷、方便的特点。虽然不是面对面地交谈，但却能让人迅速获得信息，及时进行沟通。

在教师的日常活动中，使用电话交流学生的情况、沟通信息、商洽问题、答复事项等，是一种普遍的工作手段，因此学会电话礼仪是非常有必要的。缺乏电话使用常识，没有掌握通话的技巧和礼仪规范，就会影响很多活动的开展，甚至损害幼儿园的形象。

电话礼仪包括打电话和接电话。不论使用普通电话还是移动电话，都要遵守一定的礼仪规范。

### 一、打电话的礼仪

在信息时代的今天，打电话是一种最常见的交际方式。要掌握正确打电话的方法，还需要学习并注意一些细节。

#### （一）选择合适的时间

当需要打电话时，首先应确定此刻打电话给对方是否合适，应尽量避开在对方忙碌、用餐或是休息的时间。最好礼貌地询问："现在说话方便吗？"根据对方的作息时间安排，如果上班时间是早上 8 点，打电话宜在早晨 9 点以后，晚间则应在 22 点以前，如无特殊情况，不宜在中午休息时打电话。当然，在对方有可能忙碌的时候给对方打电话，也是不合适的。如果在对方出门上班前几分钟打电话，可能会使对方迟到；在对方快要下班的前几分钟打电话也不太适合，此时对方也许有些事情要处理，如果因为接电话而耽误了对方的时间，也许对方会不快。如果打电话到对方工作单位，最好不要在星期一一大早打过去，因为经过一个周末，人们要处理的公务也许会很多。

### （二）讲究通话语言艺术

话如其人，很多时候仅凭双方在电话里的讲话方式，就可以互相判断出对方的素养。打电话时首先要自报家门，避免出现说了半天对方根本就不知道你是谁的情况，如"您好！我是 × 班的 ×× 老师，您是 ×× 的妈妈吗？……"除了要坚持用"您好"开头，"请"字在中，"谢谢"结尾，更重要的是控制语气语调。虽然通过电话只闻其声不见其人，但你的通话状态会直接影响声音的传递。因此，在通话时要坐姿端正、态度和蔼、声调适中、语气温和、语言简洁、口齿清晰，如果你的脸上带着微笑，那么自然会把这种美好的、明朗的表情通过电话传递给对方。

### （三）通话尽量简单扼要

在做完自我介绍以后，应该简明扼要地说明通话的目的，尽快结束交谈。因为，随意占用对方的电话线路和时间是不为对方考虑的失礼行为。要掌握通话的时间，一般不宜过长，以不超过 3 分钟为宜。如果估计这次谈话要涉及的问题较多，时间较长，那么，应在通话前询问对方此时是否方便长谈。如果对方不方便长谈，就应该有礼貌地请对方约定下次的通话时间。

### （四）举止得当

打电话要轻拿轻放，通话时不要四处走动、仰坐、斜靠、歪躺或趴在桌上。通话时手指不要玩弄电话线或桌上物品，更不要吃东西、喝水、翻报纸杂志，甚至与旁边的人闲聊。

学习笔记

### （五）你要找的人不在时的处理

如果你要找的人恰巧不在，你可以用以下的应对方式。

#### 1. 直接结束通话

在事情不是很紧急而且自己还有其他联系方式的情况下，可以直接用"对不起，打扰了，再见"结束通话。

#### 2. 请教对方联系的时间或其他可能联系的方式

通常在比较紧急的情况下采用这种方式，具体的做法是"请问我什么时候再打来比较合适？"或"我有紧急的事情，要找 ×××，不知道有没有其他的联系方式？"不管对方是否为你提供了其他的联系方式，都应该礼貌地说"谢谢，再见"。

#### 3. 请求留言

若要找的人不在，或恰巧不能听电话，最好是用礼貌的方式请求对方转告。留言时，要说清楚自己的姓名、单位名称、电话号码、回电时间、转告的内容等，最后不要忘记致谢。

## 二、接电话的礼仪

### （一）及时接听

电话铃声响起，要及时接听，不要拖时间，最好在铃声响两三声时接听电话。如果因为客观原因，如电话不在身边，或一时走不开，不能及时接听，就应该在拿起话筒后先向对方表示自己的歉意并做出适当的解释，如"很抱歉，让您久等了"等。这是有礼貌的表现，可消除对方因久等引起的心情不快。

### （二）文明应答

铃声响起，要拿起话筒问候对方，并自报家门，"您好！这里是×××幼儿园"或"您好！我是×××"，或者询问对方"您好！请问找哪位？"一般不宜用"你是谁""你找谁""有什么事"之类的话发问。对方交谈内容结束要及时道别，说声"再见"。切忌用"喂！"开头，否则显得没有礼貌。

### （三）做好记录

公务电话通常需要做记录。准备好幼儿园行政电话记录簿或记录用纸、笔，随时放在电话旁边，不要通话后放下听筒，再找纸笔。遇到听

*学习笔记*

不清楚时，可以用"抱歉，我刚刚没有听清楚""抱歉，我这边刚才有些吵闹，您能否再说一遍"请求对方重复一遍，特别是对一些重要内容和涉及时间、地点、数量等时，最好加以核实，避免记错。对于打错电话的，不要大声斥责对方，也要有礼貌地说声"没关系"再挂电话。

### （四）礼貌挂机

当对方向你说"再见"时，你也应该说"再见"。通常，等对方挂了电话以后再挂电话，或者通话双方中的尊者（长辈、领导、上级、女士）先挂电话。最好不要一听到对方说"再见"就马上挂电话，尤其不能在对方一讲完话，还没来得及说"再见"就提前挂断电话。注意挂电话时应小心轻放，别让对方听到很响的搁机声。

另外，在办公场合尽量不要打私人电话，若在办公室里接到私人电话时，应尽量缩短通话时间。

综上所述，在打电话时，必须把握通话的时间、内容和分寸，使通话时间适宜、内容精炼、表现有礼。

## 单元3  家长会活动礼仪

《幼儿园教育指导纲要（试行）》指出，家庭是幼儿园重要的合作伙伴。幼儿园应本着尊重、平等、合作的原则，争取家长的理解、支持和主动参与，并积极支持、帮助家长提高教育能力。家长会是家园沟通的重要途径，那么，如何成功地召开家长会，使家园工作取得事半功倍的效果？在召开家长会时教师应该注意哪些礼仪方面的问题呢？

### 一、仪容要得体

家长会是比较正式的会议，因此，在着装上，教师尽量穿正式的服装，以显得端庄稳重。如果有园服，教师需要着园服中的正装。教师应选择干练的发型，体现专业度。另外，教师要化淡妆，避免浓妆艳抹。注意肢体修饰等小细节，慎用香水。

### 二、教室环境要整洁

家长对幼儿生活学习的环境都会比较关注，家长会也是向家长展示班级环境的好机会。因此，在家长会之前，一定要提前做好教室的卫生打扫及检查工作，做到桌椅整齐，物品摆放有序，环境温馨舒适。

学习笔记

我的任务

掌握家长会的组织方法，通过周全的准备和礼仪细节，进一步树立幼儿园、幼儿园教师形象。

### 三、接待家长要热情

家长往往来自不同的工作岗位，他们的性格不同，文化程度不同，工作性质不同，职位职务也不同。教师在接待家长时要把握一个原则：平等对待，热情相迎。切记不可以厚此薄彼，要用一种平等、友好的态度接待每位家长，因为任何人在那时只有一个身份——家长。平等对待每位家长，体现的是幼儿园的教育理念和专业程度。

### 四、会议召开要准时

家长会要准时开始，不能因为个人原因影响家长会的进程，同时还要准时结束，因为有些家长在会议结束后可能安排了其他活动。

### 五、会议内容准备要充分

召开家长会，必须做好相应的准备工作。这种准备工作包括个人仪容的适当修饰，教室的清洁整理，更重要的是做好会议内容的前期准备，使会议开得生动、活泼，富有实效。

① 有明确的主题，不要大事小事不分主次。主题集中就容易解决问题。要避免没有规划、没有准备，给家长留下坏印象。

② 设计好开会的程序。在开家长会之前，教师要做到心中有数，想清楚家长最想听什么、最想了解什么、最想知道什么。

③ 做好发言准备。教师的发言，要充分体现对家长的尊重和对幼儿的热爱，以引发家长的共鸣，这样才能取得良好的效果。同时，教师的发言不能只说优点不说缺点，要利用家长会，与家长很好地沟通，家校合力，让幼儿更好地成长。注意，集体出现的问题可以在会上说，个体的小毛病、小缺点需要会后一对一沟通。

④ 预设家长提问。需要将家长可能问到的问题进行预设、梳理，提前准备好答案，做到有备无患。

### 六、会议过程有互动

开家长会时，教师要尽量避免"一言堂"。教师要给家长发言的机会，让家长之间相互交流教育经验，形成教师与家长、家长与家长间的良性互动。这样，一方面可以调动家长的积极性，另一方面也可以真正地集思广益，促进幼儿的发展。

总之，在家长会中，教师要让家长感到教师关爱幼儿，尽心尽责地为幼儿的教育而工作，那么家长自然就会信任教师，并且会保持积极的态度与教师沟通，全力支持、配合教师的工作。

## 单元4 家访活动礼仪

心理学研究发现，6岁之前家庭教育对幼儿的影响非常大，而家访是全方位了解幼儿的一个非常有效的途径。家访一般是与家长沟通情况，交流感情，密切关系，商讨共同教养幼儿的方式方法。这种指导方法比较灵活机动，便于进行，而且指导得比较具体，更具有针对性。它不仅可以让教师更深入地了解幼儿的成长环境、家庭教养方式，同时教师通过家访可以较快地拉近和家长、幼儿之间的距离，从而更好地进行家园共育。家访时教师应注重以下礼仪规范。

> **我的任务**
>
> 掌握家访的礼仪知识点，分小组进行角色扮演，能够在实习时独立完成家访。

### 一、选择时机，预约前往

教师在家访前可根据幼儿居住地划分片区，确定家访路线。教师在登门家访前要事先打招呼，应选择家长方便的时间，如下班之后，或者休息时间，农村家庭最好选择在农闲时，使家长在各方面都有所准备。不打招呼，做"不速之客"，或者勉强家长，甚至直接说"告诉你爸妈，今晚我要去你家"，这些都是失礼行为，还有可能造成不必要的误会，让家长以为幼儿在幼儿园发生了什么事情，引起不必要的担忧。

### 相关链接

电话预约家访礼仪如下。

通常提前三天进行电话预约。

先问好，然后做自我介绍，咨询一下对方忙不忙，方不方便接电话，接下来再说事。

您好！请问是××小朋友的家长吗？

您好！我是幼儿园的××老师，不好意思，打扰您了，请问您现在方便接电话吗？

我们准备明天上门家访，请问您明天什么时间段会在家呢？

家访当天短信预约如下。

××家长，您好！我们是英才幼儿园的老师，昨天和您预约的××老师将于××点准时到达您家！

### 二、仪容端庄，言行稳重

家访前要注意仪容整洁，做好衣服、头发、面容、牙齿、口腔及手部等卫生清洁工作。

　　家访服装要大方、得体、干净、整洁，要穿有领子和袖子的衣服，领口不宜过低，衣料不宜过薄，不穿超短裙，鞋子要方便穿脱。避免着装过紧过露，夏天再热也不能在学生家脱衣服；冬天不要在学生家里说冷，有批评主人环境不好之嫌。

　　家访首先要注意敲门的礼节，讲究敲门的艺术。到达之后，要用食指敲门，力度适中，间隔有序地敲三下，等待回音。如无应声，可再稍加力度，再敲三下，如有应声，待门开时再向前迈半步，与主人相对，打招呼后方能入内，不能贸然闯入。

　　家访教师要注意举止的细节，做到稳重端庄，合乎礼节，按主人指引的方向行走和入座，遵守主人家习惯。家长不让座不能随便坐下。家长让座之后，要表示感谢，然后采用规范的礼仪坐姿坐下。主人递茶、水果，要双手接过并表示谢意。下雨时不要把雨伞带进房屋；根据学生家长家中的习惯决定进屋时是否换拖鞋；尽可能不在别人家使用卫生间；除非家长主动请你参观，否则不要在其家中东转西瞧，但可以要求看看学生的房间，以示关心，并对学生做详细了解。家访时如遇新客来访，家长做介绍时，应起立向来客问候。

### 三、用语得体，悉心聆听

　　跟家长谈话，语言要客气。进门可简要说些寒暄的话语，夸夸主人的房间布置等。无论学生家境贫富，教师都要表现得不卑不亢，平和自然。说话声音要控制，不可大声交流，不接无关电话，注意控制音量和时间，尽量简单。

　　要注意分寸，反映幼儿情况要全面，充分肯定幼儿的优点，再把不足提出来，指明努力进步的方向，语气尽量委婉，并向家长提供有效的教育方法，同时还要善于悉心聆听。

　　家访时，需要面对不同性格的家长选择不同的沟通方法。面对善谈的家长时，教师要学会当热心的听众，留给家长发表自己观点的充分余地，悉心聆听家长的育儿观，也可以适时补充意见，帮助家长完善其教育思想。面对主动型家长，教师需要让家长处于主体地位，多留时间倾听，不要随意打断。对含蓄、内敛的家长，教师应主动提一些问题引出话题，善于从家长言行及环境中观察并捕捉有关信息，同时教师应该有针对性地提出问题，给出家教建议，尽量全面地了解幼儿，从而更好地达到家园合作共育的目的。

家访时还要注意，访谈不应涉及家庭收入、工作职位、婚姻状况等个人隐私问题，注意礼貌和尊重。

### 四、守时守信，不多打扰

家访时要严格遵守约定的时间，准时前往，不要提前到达，以免因家长未准备好而陷入尴尬境地；不能迟到，避免因对方等待太久而浪费时间；更不可失约，如有特殊原因造成不能按时前往或失约，应及时向家长说明情况并请求谅解。

同时，家访时间不宜过长，达到预期目的即告辞，并要与家访家庭的所有成员一一告别。起身告辞时，教师要向家长表示"打扰"之歉意。出门后，回身主动伸手与主人握别，说"留步"。待主人留步后，走几步，再回首挥手致意说"再见"。家访时间一般控制在半小时以内，结束家访时可请家长填写家访表（表10-1，表10-2）。

### 五、以诚相待，拒绝吃请

教师家访的主要目的是深入了解幼儿，拉近与幼儿之间的距离，增进感情，以及解决幼儿存在的问题。教师不能借家访解决私事，不能请家长为自己帮忙，也不能接受家长的吃请，或者接受家长馈赠的礼物，以免影响教师个人的威信和幼儿园的形象。

*学习笔记*

表10-1　幼儿园家访记录表（参考）

班级：　　　　　家访教师：

| 时间 | | 被访学生<br>姓名 | | 形式<br>（电话、走访） | |
|---|---|---|---|---|---|
| 被访学生<br>家庭住址 | | | | 联系电话 | |
| 家访幼儿<br>概况 | | | | | |
| 家访目的 | | | | | |

续表

| 家访过程<br>简要记录 | |
|---|---|
| 家访效果 | |
| 家访心得 | |

表 10-2　幼儿园家访表（参考）

班级：　　　　　家访教师：　　　　　接待家长：

| 时间 | | 学生姓名 | | 形式<br>（电话、走<br>访） | |
|---|---|---|---|---|---|
| 家庭住址 | | | | 联系电话 | |
| 家访概况（教<br>师交谈的主要<br>问题） | | | | | |
| 家长对孩子的<br>期望 | | | | | |
| 家长对教师的<br>期望 | | | | | |
| 家长对幼儿园<br>的期望 | | | | | |

学习笔记

## 单元 5　办公室礼仪

著名教育学家苏霍姆林斯基曾说过，"你们不仅是教课的老师，也是培养人的教育者，是生活的导师和道德教员。"卢梭也说："在敢于担当培养一个人的任务以前，自己就必须是一个值得推崇的模范。"教师的行为世范不仅体现在课堂、活动室，而且也体现在办公室。

亚里士多德曾说过："人在社会生活中，是难以不与其他人进行交往的。一个人如果不同其他人进行任何交往，那么他不是一位神，就是一只兽。"人际交往，礼尚往来，既体现对他人的尊重，也体现你自身的修养。教师办公室是教师在幼儿园里工作和休息的地方。目前，办公室内常有多位教师在一起工作、一起休息，因此每个教师都必须注意自己的言谈举止，共同营造一个良好的工作环境。

有的教师认为："我只要把课上好，把活动带好，在办公室这个半私人的空间不拘小节一些也无所谓。"这样的观点其实是错误的。办公室是教职工工作和休息的地方，也是教职工集体生活的场所。教师除了对幼儿认真负责，热爱尊重每一个幼儿，有良好的敬业精神和献身精神外，还应该树立团队意识，遵循人际交往中的礼仪规范，减少同事间的误会与摩擦。幼儿园教师的办公室礼仪需要大家妥善处理与周围同事之间关系，善于交流，化解矛盾，与人为善。摒弃那些不拘小节的言行、不加检点的习惯，才能树立教师的威信，才能教育和影响幼儿向正确的方向发展。

幼儿园教师在办公室工作和休息应注意下面几个细节。

## 一、规范用语，礼貌待人

教师在工作场所要讲普通话，提倡文明用语，不讲粗话、脏话。要用好"请、您好、谢谢、对不起、再见"等基本文明用语。早晨相遇，主动打招呼，互祝"早上好"；课间相见，点头微笑，互致"您好"；下班道别，说声"再见"；得到别人帮忙，赶紧说声"谢谢""辛苦了"。

称谓要规范，同事之间在办公室最好相互称呼"×老师"，最好不直呼姓名，不起外号，不用带有歧视性的指代词。

待客语言要热情。有客人或家长来访时，教师应热情欢迎，微笑起立，让座请茶。接待客人时如果要离开，或手头正有要紧的事要处理，应对客人讲"对不起，有点事要处理一下，请您稍等"。回来后或处理好后，应向客人说"不好意思，让您久等了"。如果被访的教职工正好不在，其他教师也要热情接待来访者，并帮助寻找被访者。客人走时，

学习笔记

教师应起立送至门口道别"欢迎您下次再来！""慢走！""再见！"

提出建议时，语言委婉柔和，可以用"我想，能不能这样……供您参考"。

### 二、干净卫生，物品定位

要积极参加办公室的卫生清洁工作，平时要保持办公桌干净、清洁，公共物品使用后要放回原处，使物有定位。自己的东西不乱丢乱放，物品摆放整齐，桌面无杂物。抽屉物品整齐，分类摆放。通常桌面上的私人物品不要超过两件。抽屉如果是多层，通常在最上面一层摆放工作常用物品，最下面一层摆放私人物品。当有事离开自己的办公座位时，应将座椅推回办公桌。废弃物应及时清理，忌长时间堆放。若下午或晚上最后一个离开办公室，教师应把门、窗、水、电都关好再走。

### 三、保持安静，举止文明

在办公室要做到"三轻"：说话轻、取放物品轻、走路轻。进入其他人的办公室要先敲门。办公时间不能旁若无人地大声笑谈，交流问题应起身走近，声音以不影响其他教师为宜。使用手机时最好将手机调至静音或震动状态，接打电话要控制音量，尽量避免干扰别人。

### 四、工作端正，尊重同事

带班不离岗，不因私事随意换班。积极完成工作，忌消极怠工、拖拉推诿、等靠依赖、胡乱应付等。学习开会，准时到会、专心聆听、认真做笔记、真诚交流、手机静音、适时鼓掌。忌讲闲话、忌发短信、忌乱丢纸张、忌拍桌摔物、忌随意进出、忌结束时椅不还原等。仪态上忌翘二郎腿、忌摆"4"字腿，忌腿伸得很长。忌拉帮结派。一定要避免拉帮结派，同事之间相互尊重，不打听别人的私事，不背后议论其他教师。使用物品轻拿轻放，不翻看不属于自己负责范围内的材料及物品；在征得许可前不随便使用他人的物品；借东西要及时归还，并表示感谢。

### 五、公私分明

在办公场合要公私分明，私事要在私人场所、私人时间处理，不要把私事带到办公室来。不要在办公室场合长时间接打私人电话；不要在办公室上网聊天；不在办公场合干私活。

### 六、接待领导、嘉宾或来访者

接待领导、嘉宾，应在幼儿园门口予以热情欢迎，在客人的前侧引导客人进入接待室，请坐、奉茶。介绍贵宾，按介绍的先后顺序"尊者居后"进行介绍，如果双方都有很多人，要先从主方职位高者开始。客人临走，相送至园门外，客先伸手，握手再见。主方握手表示对其到访的感谢和再次的欢迎。接待来访者，值班人员对来访者主动问好，询问来访原因，提供帮助和联系，礼貌地请来访者登记。忌不理不睬、冷漠、无应答。

## 单元6　位次礼仪

位次也称礼宾次序，其实质是优先权，即谁先谁后的问题。尤其在涉外交往中，如果安排不当则会引起不必要的争执和交涉，甚至影响国家关系。在很多公务、商务活动中，位次的排列往往备受人们的关注。位次规范和礼仪既反映了教师自身的素养、阅历和见识，又反映了对交往对象的尊重和友善的程度。为了避免贻笑大方或造成负面影响，教师必须特别注意在不同场合的位次排列礼仪。

### 一、接待中的座次排列

在会客的过程中，座次的排列一般有下列五种形式。

#### （一）会谈采用相对式

相对式位次排列，指的是主客双方以面对面的形式落座。这种落座方式一方面便于双方进行交流，另一方面易于使双方公事公办，保持一定的距离。多用于公务性会客。

相对式位次有三种形式。

一是遵循"面门为尊"的习俗，请客人面对正门落座，主人背对正门落座。（图10-1）

二是遵循"以右为尊"的国际惯例，请客人落座于右侧，主人落座于左侧。所谓右侧是指当面向房间时，右手一侧的位置。【图10-2（1）】

三是遵循"以左为尊"的中国传统习俗，客人则落座于左侧，主人落座于右侧。【图10-2（2）】

学习笔记

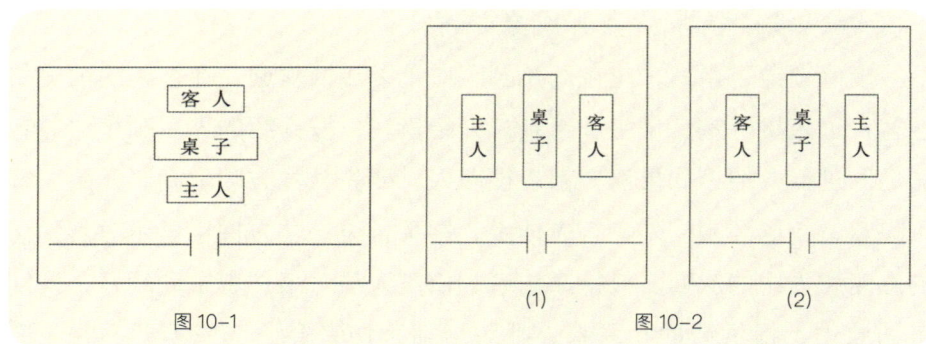

图 10-1　　　　　　　　　　　　　　　(1)　图 10-2　　(2)

### （二）会见采用并列式

以国际惯例"以右为尊"为例进行会见排序。

一是主客双方并排面门而坐，客方落座于主人右侧。双方的其他随员分别在主人、主宾的一侧，按照身份重要程度依次落座（图 10-3）。

二是主客双方在室内一侧落座，客人落座于距离门比较远的位置（图 10-4）。

### （三）居中式

当多人并排落座时，要遵循"居中为上"的原则，请客人落座于中间位置（图 10-5）。

### （四）主席式

主席式落座方式，常用于一方同时会见两方或两方以上的客人时。落座时主人面对正门，客人坐于桌子两侧（图 10-6）或背对正门落座。

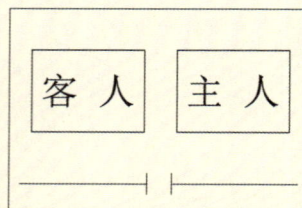

图 10-3

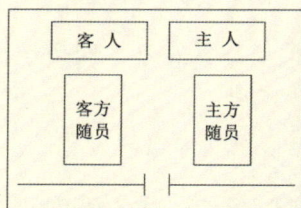

图 10-4

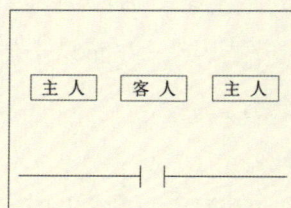

图 10-5

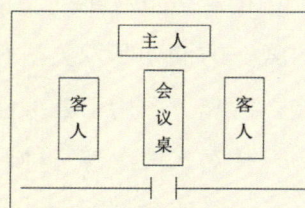

图 10-6

### （五）自由式

自由式座次是不分主次的一种落座方式，这种方式常用于多边会见，参与者不分主次，自由选择座位。这种座次安排较少采用。

## 二、会议主席台座次排列

大会会议主席台座次排列通常有两种方法。

一是按照中国传统惯例，"居中为上，左高右低"。图 10-7 是按照中国惯例，领导人数为单数时主席台座次的排列方法。图 10-8 是领导人数为双数时主席台座次的排列方法。

二是按照国际惯例，"居中为上，右高左低"。图 10-9 是按照国际惯例，领导人数为单数时主席台座次的排列方法。图 10-10 是领导人数为双数时主席台座次的排列方法。主席台座位为两排以上时，遵循"前排高于后排、中央高于两侧"的原则。群众席的座次排列，以面对主席台为准，前排高于后排。

小型会议的座次排序，一般遵循以下原则。

一是面门为上。面对门的座位，排序高于背对门的座位。

二是居中为上。居于中央的座位，排序高于两侧的座位。

三是根据国际惯例或中国传统惯例排序。遵循中国传统惯例，以左为上。以居中座位面门的方向为准，左侧座位的排序高于右侧座位的排序。有外宾参加的会议，通常遵循国际惯例，以右为上，即以居中座位面门的方向为准，右侧座位的排序高于左侧座位的排序。无外宾参加的会议，也可按照"左膀右臂法"排列，即 2 号领导始终在 1 号领导的左手边。

四是远门为上。距离门远的座位，排序高于距离门近的座位。

五是依景为上。即会议主席的座位背依会议室内的字画、装饰墙、讲台等主要景致。

按照中国传统惯例，7 人参加的小型长桌会议座次排列见图 10-11。

按照国际惯例，双方各 5 人进行会议时，双方相对而坐，尊方 5 人面对房门，见图 10-12。

### 三、合影时的位次安排

在安排合影的具体排位问题时，关键是要知道内外有别，需注意以下几点。

#### （一）了解国内合影的排位习惯

国内合影时的排位，一般讲究"居前为上""居中为上"和"以左为上"。具体来看，它又有前排人数为单（图 10-13）与人数为双（见图 10-14）的分别。

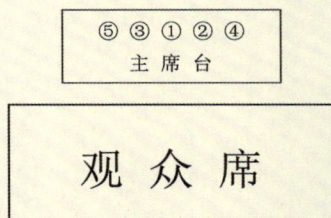

图 10-7

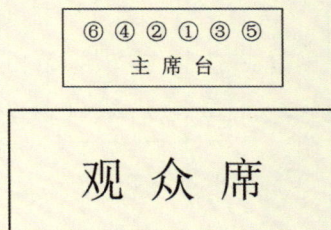

图 10-8

图 10-9

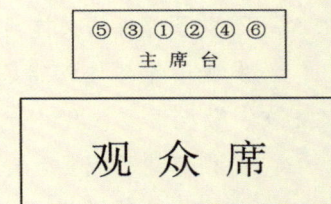

图 10-10

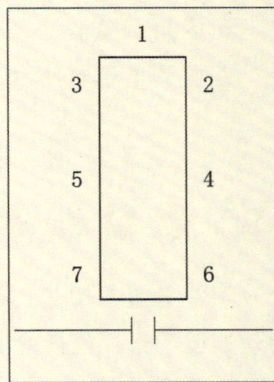

图 10-11

### （二）涉外合影的位次

在涉外场合合影时，讲究"以右为尊"，所以要将来宾安排于右侧，将主人安排于左侧，并将主方身份最高者安排于中间位置。双方人员按照主左宾右的顺序依次排开。（图10-15）

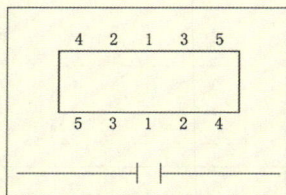

图10-12

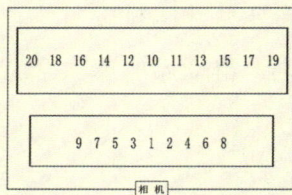

图10-13

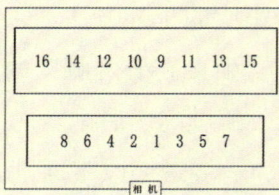

图10-14

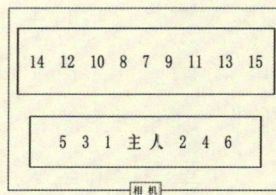

图10-15

## 拓展学习

### 发送电子邮件的礼仪

1. 标题要提纲挈领。

添加邮件主题是电子邮件和信笺的主要不同之处，在主题栏里用短短的几个字概括出整个邮件的内容，便于收件人权衡邮件的轻重缓急。

2. 电子邮件的文体格式。

发送工作邮件或非亲密关系的社交邮件，都需要使用传统的信函格式，包括称谓、问候语、正文、敬祝语、具名语、日期六个部分。

3. 内容简明扼要。

4. 用语礼貌规范。

5. 发送之前要校对，避免出现错误。

6. 及时回复。

当收到电子邮件后，要及时回复对方。

## 情景演练

牛牛已经三岁了，牛牛的爸爸妈妈已经考察了几个幼儿园，但都不是很满意。听说小区新开的幼儿园不错，他们就决定带牛牛来参观一下，如果你是今天负责接待的老师，你会怎么做呢？

## 思考与练习

1. 模拟组织一次家长会。

2. 给一家幼教机构打个电话，看能否得到实习的机会，勇敢自信地拨出号码吧！

3. 幼儿园召开全体教职工大会，请你给在主席台上就座的领导排一排座位的顺序。

### 学习反思

## 模块十一　幼儿园教师的宴请礼仪

### 学习目标

1. 了解不同宴请的目的和意义。

2. 学习中餐、西餐、自助餐和户外烧烤的就餐礼仪。

3. 掌握中西餐餐具的使用方法。

### 学习重点与难点

◆ **学习重点**

宴请活动中的餐桌礼仪。

◆ **学习难点**

掌握西餐餐桌礼仪。

### 我 的 问 题

"生活中我们经常会参加寿宴、婚宴，还有同学朋友间的聚会等，我们希望自己在参加这类场合时能给别人留下一个美好的印象……"

幼儿园教师在不断提升专业素质能力的同时，还要在各种工作、社交场合中体现出个人的高素质与良好的个人修养。在社交场合中，以就餐为内容的活动较为常见，一个人在餐桌上的表现最能体现其个人修养，因此幼儿园教师学习餐桌礼仪是十分必要的。

## 单元1　邀请与应约

### 我 的 任 务

学会宴请邀约与应约；做好赴宴准备。

参加社交活动也已成为我们的社交方式，掌握社交场合的礼仪也是体现幼儿园教师的素质修养、职业形象的重要方面。较为常见的社交活动有就餐活动、约会、酒会、主题派对等。就餐活动在工作与生活中是参与比较频繁的社交活动，在餐桌上最能暴露一个人的缺点，应该受到所有人的重视。因此，学习就餐礼仪是每个人必不可少的课程。目前较为常见的就餐形式有中餐、西餐、自助餐和烧烤。工作餐多为自助餐的形式，家庭聚会和约会常常选择中餐或西餐。

举办就餐活动，第一件事就是向对方提出邀请。在较为正式的就餐活动中，主人会提前向对方提出邀约。邀约的方式按照正式度来分，有邀请函邀约、电话邀约、口头邀约或电子函件邀约等。临时邀约的情况多为工作餐、便餐等。

无论中餐宴请还是西餐宴请，在正式的宴请活动中，为体现活动的隆重感和正式度，一定要从一张精致的邀请函开始。

## 一、邀请

### （一）发出邀请函

邀请函是向他人发出参与活动意向的询问。邀请函的内容有被邀请人的姓名、活动主题、活动时间、地点、着装要求等信息，参与者根据邀请函的要求出席活动即可。举办大型活动或者重要活动时，为保证受邀者能够按时参加，邀请函至少需要提前两周送出，以便于客人提前安排自己的活动。为表示邀请的诚意，或者对于特别重要的嘉宾，往往需要主人亲自将邀请函交到被邀请人的手中。对于一般的邀请者可通过邮寄邀请函、面对面口头邀请、电话邀请、电邮邀请等方式进行，现在使用微信邀约也是一个非常时髦的方式。

邀约时，如果对方已婚，国际惯例一般邀请夫妇二人参加，并且夫妇二人的名字都要写在邀请函上。正式的宴请活动多在晚上。在中国，宴会也有仅邀请个人参加的情况，如公司年会、公务会议等。

### （二）收到邀请函

1. 及时回复

收到他人发出的邀请函后，无论能否出席，我们都要尽快回复。如邀请函中没有规定回复方式，我们可以打电话回复、电邮回复、信函回复、当面回复等。

2. 临时改变计划

接受邀请后，我们不要轻易改变，如果遇到了临时的特殊情况不能出席，一定要即刻向主人说明情况，得到主人的谅解。

## 二、应约

### （一）应约前的准备

赴宴前要做好充分的准备，如宴会开始的时间，赴宴地点的具体位置、路程需要的时间、交通工具的选择，还有对出席者服装有无特殊要求，对配偶或子女有无邀请出席等。

### （二）出席宴会的着装

正式宴会对着装的要求会在邀请函上注明。赴宴的整体要求是服装、妆容发型与宴会场合相符合。正式宴会应着礼服出席，切勿着随意的运动衫、牛仔裤、运动鞋、球鞋等与宴会活动格格不入的休闲服出席。

### （三）出席时间

出席宴请活动应准时到达。如果早到，主人的准备工作还未完成，会让主人因提前接待而忙乱，给主人造成麻烦；晚到会让所有宾客等待，也是对主人的不礼貌。按时出席是最好的选择，如果因事晚到，应及时联系主人。

### （四）不给主人"惊喜"

所谓"惊喜"就是未与主人商量，带未受邀请的人出席活动。一方面因人数的突然增加，让主人没办法安排餐食而出现尴尬；另一方面，也可能因"不速之客"的到来，引起宾客之间的尴尬。

### 三、结识新朋友

宴会活动属于社交活动中的一种，人们在这样的场合中可以巩固老友关系，结识新朋友。在前面的章节中我们介绍了见面问候的礼节和介绍礼节。在参加宴请活动时应主动向他人行见面礼，来表达对对方的友善和尊重，同时也是体现个人风度与修养的好时机。

致意礼节的小细节。宴请活动中的致意礼可以很简单，只要说一声"您好""晚上好"就可以，见到熟悉的人时，可以加上头衔和姓氏，如"您好，王老师""张先生，您好"。也可以加上几句寒暄，对熟人的寒暄可以具体一些。

见到陌生的与会者时要行致意礼。行致意礼时要注视对方的眼睛，展示出友善的微笑，还要注意音量和距离。不要距离很远就高声呼喊，也不要紧贴对方的身边，应适当保持礼仪距离。之后再碰到时，微笑或者微笑点头示意即可。行致意礼时应注意遣词用字，用语不能粗俗，要讲礼仪，神态表情要真诚，这样才能拉近彼此之间的距离。

学习笔记

结识新朋友可以通过他人介绍，也可以自我介绍。在介绍中应遵循介绍的礼节，举止要大方得体。在握手、交换名片时也应遵循国际惯例中的礼仪要求，这体现了对对方的尊重，同时也是对自己的尊重。

### 四、赴宴的禁忌

应邀就餐的过程中有许多需要我们注意的细节，这些细节容易暴露我们的缺点，下面几点供大家参考。

① 应邀参加宴请务必准时出席，主人应比客人早到以迎接客人，客人绝不能迟到。客人可根据情况携带恰当的礼物赠送主人。

② 到达餐厅后应到接待区告知服务员预约者的姓名，由服务员带位。

③ 如没有与餐厅预约，到达后客满没有位子，可在等候区等候。等候时应礼让老弱病残孕。保持等候区的整齐干净，酌量进食免费提供的水、饮料、小食、水果等。

④ 冬天就餐时应将御寒的大衣和帽子脱下，不能穿着整套厚重的冬衣用餐，御寒用的手套也应在用餐时摘掉。

⑤ 在与他人谈话时要注意保持距离，避免口沫横飞，也不要在对方面前手舞足蹈或者随意碰触对方的身体，这会让人有被侵犯的不舒服的感觉。

⑥ 在餐桌上交谈时应注意音量，不可肆无忌惮、大声喧哗，无视他人存在。尤其在欧美的西餐厅里，大声说话会引人侧目。打扰到别人是很不礼貌的行为。

⑦ 邀约饭局的目的是与人沟通、感情交流，重点不在吃，所以与人进餐时不但要积极参与谈话，还要顾及桌上的每位客人，做到使参加宴请的每一个人都不受冷落。

⑧ 如带孩子参加宴请时，要管制孩子的行为，不要让孩子跑来跑去，哭闹尖叫；不要让孩子随意转动餐桌；不要宠溺孩子，将孩子爱吃的菜挪至孩子面前或为孩子代夹。

⑨ 到高级餐厅用餐时，请把手机关掉或将铃声改为振动，以免影响餐厅的安静。如需要接听电话应到餐厅外，且时间不宜太长，有必须在餐厅内接听的电话，注意要将讲话的音量调到最低，不要影响别人的用餐。

学习笔记

## 单元 2　中餐礼仪

　　中餐是中国的传统就餐形式，而且形成了中餐特有的礼节。作为中国人，我们有责任传承中华民族的传统文化和传统美德。幼儿园教师不仅自身需要掌握基本的餐桌礼仪知识，而且要能够在教学工作中对幼儿进行指导，培养幼儿正确的就餐习惯。

### 一、中餐餐具的使用方法

　　正确使用餐具，是我们就餐最基本的礼节。下面了解一下中餐餐具的使用方法及使用禁忌。

#### （一）餐碟

　　餐碟用来盛放从公用的菜盘中取来的菜肴。使用餐碟时应注意以下几点。

　　① 不要随意挪动餐桌上的餐碟或者将几个餐碟叠放在一起使用，应保持餐碟在原位上。

　　② 取放菜肴不宜过多，尽量让自己的餐盘保持整洁。夹取一种菜品吃完后再夹取另外一种，避免菜肴的味道相互影响，避免看起来杂乱不堪，既不好看也不好吃。

　　③ 吃剩的骨头、鱼刺、食物残渣不能吐在地上或直接吐出，可以暂时放在渣碟里或餐碟的前端，聚集一定量时可以请服务生更换干净的餐碟。

　　④ 就餐过程中应尽量保持个人餐碟的整洁度。未食用的菜品和食物的残渣应划分区域放置，尽量不要让汤汁弄的餐碟上到处都是，否则看起来非常不雅观。

#### （二）筷子

　　筷子是中国最具特色的餐具，区别于西方的刀叉。使用筷子作为就餐工具的国家有中国、日本和韩国等，各国筷子的形状与使用规范有一些差异。因食物的不同，筷子的设计也多有各自的特色。筷子从材质上可分为红木筷、黄杨木筷、漆筷、竹筷等。为体现宴会的正式度及高级感，在高档的宴会场合多使用红木筷，同时还会配有筷架来摆放筷子。

　　下面介绍在我国使用筷子时的禁忌。

　　① 在就餐时提倡使用公筷，避免使用个人的筷子夹取菜品。

② 夹取菜品时应夹取菜盘中自己面前的部分，避免在菜盘中随意翻找挑拣食物，或者将夹起的食物再放回菜盘，又或将筷子停留在餐盘上方等，更不能夹菜前将筷子头放在嘴里用牙齿啃咬，否则会令别人倒胃口。

③ 夹取汤汁较多的菜肴时，可使用餐勺协助，避免汤汁落在桌面上。

④ 不要把筷子竖插在食物上面，因为这种插法是在祭奠逝者的时候用的。

⑤ 在餐桌上与人交谈时，可暂时放下筷子，以示对交谈者的专注和尊重。不能一边说话，一边用筷子挥舞指点、敲击碗盘或者停在半空做夹菜状，这些都是非常不礼貌的举止。

⑥ 筷子的职能是用来夹取菜肴的，如果用来剔牙、起瓶盖、挠痒、挠头等做夹取食物之外的事情，则是失礼的表现。

⑦ 筷子是成双使用的，不使用时应放在筷架上，如没有筷架，可放在自己餐碟的右侧，不能随意放在公用菜盘上。掉在地上的筷子不再使用，可以请服务生更换一副干净的筷子。

### （三）汤勺

长柄大汤勺主要作为公用勺使用，分为瓷质汤勺和金属质地的汤勺，它们的使用方法不太相同。瓷质的汤勺一般放在大汤碗里，用来分舀汤品、带有汤汁的菜品、甜品汤等。金属质地的长柄汤勺主要作为公用勺，主要盛舀菜品使用，摆放在架上备用。

汤勺是公用的，使用完后应放回原来的位置，不能将公用汤勺作为个人汤勺来使用。

### （四）调羹

调羹也叫勺子，是个人使用的小勺。它的主要功能是舀取菜品、食物，协助筷子夹取食物。除了公用勺子外，尽量不要使用个人勺子舀取菜品。

使用调羹时应注意以下禁忌。

① 使用调羹进食时，不要将调羹全部塞入口中，或者反复地吸吮、品咂。

② 使用调羹取用食物后，不能再次将食物倒回原处。

③ 喝汤时如果汤较烫，不能用调羹折来折去或用嘴去吹来吹去，这些试图让汤尽快降温的方法是失礼的。正确的做法是等待汤品自然冷却降温。

④ 右手执筷，左手拿调羹的就餐方式，即左右开弓，是餐桌礼仪中最忌讳的一种行为。

⑤ 用调羹取用食物时不要过满，以免溢出来弄脏餐桌或自己的衣服，可以少量多次取食。

⑥ 比较松散的食物，如玉米、青豆等，用筷子不易夹取，可以使用公用的调羹舀至个人的餐具中，再用个人的调羹舀食。

### （五）饭碗

在吃中餐时，将饭碗端起来进食比较得体，即右手持筷，左手拿碗。进食米饭时应用筷子将米饭一口一口夹起来送入口中，不要用筷子将米饭划向嘴里。

### （六）汤碗

① 在中餐桌上喝汤时，我们建议将汤碗放在桌子上用调羹舀着喝，在非正式场合也可以把汤碗拿起来，另一只手用调羹舀着喝，或者以口就碗来喝。注意在喝汤时不能发出呼噜呼噜的声音。

② 从公碗里舀汤，要使用公用的汤匙舀取，舀取时不能翻拌挑选汤内食物，一匙舀下直接提起。

③ 盛汤时应盛八分满即可，不要盛得太满以免溢出。

④ 使用调羹喝汤时，应避免调羹撞击汤碗发出叮叮当当的声音。

### （七）酒杯

白酒是中国餐桌上的主酒类，中国的酒文化源远流长，在此我们介绍一些白酒的饮用禁忌。

① 自饮时的握杯方式。使用小酒盅喝白酒时，为体现女士动作的优雅，应使用双手，即右手持杯，左手轻托杯底。男士为体现豪迈，则可右手持杯，一饮而尽。

② 敬酒时的握杯方式。向他人敬酒时，无论男女，均使用双手，即右手持杯，左手轻托杯底。晚辈向长辈敬酒时，使用双手以示尊敬。

③ 拒绝添酒的方式。中国有些地域，人们表示不再喝酒时会将自己的酒杯倒扣在桌子上，这样的拒酒方式会让人感到尴尬，因此，应因

地制宜不能随便使用，以免破坏了餐桌上的就餐气氛。如果不需要再添酒，可在对方倒酒时说明情况并用手遮盖一下杯口，示意不再添酒。倒酒者应尊重对方的意愿，不要强迫他人过度饮酒。

④ 不同的酒使用不同的杯子。白葡萄酒与红葡萄酒越来越被人们喜爱，且成了中西餐中酒品种的重要角色。与白酒不同的是，为使白葡萄酒与红葡萄酒达到最好的口感，需要使用专门的红葡萄酒和白葡萄酒酒杯。

### 二、中餐的礼仪

就餐时我们会遇到一些问题，我们应该如何处理才比较得体呢？

#### （一）就餐时嘴里有东西时不说话

① 在宴请中，每次放入口中的食物不宜过多，避免突然有人问话交谈时，嘴里东西过多无法及时回复而造成尴尬。

② 进餐时，嘴里避免发出声音，闭口咀嚼食物可防止吧唧嘴的声音发出。

③ 对于不方便下嘴的食物，如大骨头等，为了保持良好的形象，就要注意吃的方法，避免吸吮汤汁的声音出现，或者可以放弃对此类食物的食用。

#### （二）取菜礼仪

① 每一道菜上来后，都由主宾先开动取食，再顺时针轮转到其余宾客面前由其自行取用。当轮转取食一圈后还有剩余，则不再分先后次序，可以随意取食。

② 当新菜上桌，使用公筷、公匙替邻座夹菜是非常温馨客气的表现。

③ 有人正在夹菜时，不要旋转转台，等待别人夹取完毕后再轻轻地、慢慢地转动转台。

④ 距离自己较远的菜，待转台转过来、菜品到达自身正前方时再就近夹取，不能站起身来伸长手臂夹菜，不能越位夹取。

⑤ 第一轮夹菜不要夹取过多，以免后面的人没有菜可夹，夹取要适量，让同桌的每一个人皆得以品尝。

⑥ 夹菜时如果与他人冲突，应礼让为先，不过这是十分尴尬的事情，应避免出现。

学习笔记

⑦ 就餐过程中，不要将个人餐具如水杯、筷子、汤匙等餐具放在旋转台上。

⑧ 吃完自己碟子里的菜品后，再到大盘中取食，一次不要夹取过多品种，否则会串味，令餐盘杂乱，看起来非常不美观，从而影响食欲。

⑨ 主人礼让客人表达热情好客，但是要适度，过度劝菜或不停地向客人碗中夹菜，会给客人带来压力，尤其是在不了解对方餐饮喜好时，有强迫就餐的意味，最终可能导致宾主不能尽欢。

### （三）加入话题中去

当被邀请参加一些宴请活动时，我们如果只是低头吃菜而不参与共同的讨论就会显得很失礼。我们应尽量加入大家的话题中，适时地表达自己的看法，与大家互动。如果有的话题我们无法加入讨论，至少我们应给予表情的附和，或者用点头、摇头等动作来回应，不要无动于衷地坐在那里与大家格格不入。

### （四）小状况的处理方法

在就餐时，我们会遇到一些小问题，下面分享一些处理的小方法。

① 打喷嚏、咳嗽时不能面向餐桌，应转身并用餐巾纸遮挡嘴部，防止唾液飞溅。

② 避免在餐桌上发出打饱嗝的声音，给人酒足饭饱的不良印象。

③ 剔牙动作不美观，一定要剔牙时，应用餐巾纸或另一只手遮挡住口部，悄悄地进行。剔出来的东西不要当众欣赏或者再次入口，更不要随手乱弹，随口乱吐。剔牙后，不要长时间叼着牙签，更不要再用牙签扎取食物。

④ 在餐桌上补妆是不礼貌的行为，需要补妆时应选择到盥洗室或者化妆间进行。

## 单元 3　西餐礼仪

西餐是与中餐截然不同的一种就餐形式。今天所讲的西餐，主要是指欧洲、美洲、大洋洲区域的餐饮文化，西餐是对这些区域餐饮文化的统称。各个国家的餐饮文化各具特点，以菜式来分，可以分为法国菜、英国菜、意大利菜、美国菜等。西餐一般以刀叉为餐具。西餐厅注重就餐环境，以柔和的经典音乐作背景音乐，高级的西餐厅还会有乐队现场演奏。晚餐时间被人们定为一天中最正式的就餐时间。此时，西餐厅的气氛比较浪漫，暗淡的灯光增添了静谧的情调，有的餐厅还会使用烛火来提高浪漫的程度。在西餐桌上一般是不谈公事的，大家聚在一起就是享受美食、联络感情，这与中餐有着很大区别。吃西餐，要注重就餐礼节，要遵循西餐的餐桌礼仪，不要在餐桌上失礼于人。

我 的 任 务

掌握西餐礼仪细节；了解新时代学习西餐礼仪的意义，并且能够在教学中进行引导。

## 一、优雅的举止

### （一）入座

到达西餐厅后，不能自行进入餐厅寻找位子，应在门口等待服务人员带位。等候带位是西餐厅的规矩，这与中国的习惯不同，需要大家着重注意。带位时应请年长者、宾客或女性先行。座位安排一般是由年长者或宾客坐主位，如果按照性别区分时，则由女性坐在主位上。就座时服务生会替客人推拉椅子，所以客人只要从椅子的左侧走到椅子的前方即可。

### （二）就餐中的体态

① 双腿与脚保持正确的摆放方式。就座后应使用标准式坐姿，女士膝盖并拢，注意坐姿的优美。男士可使用分腿式坐姿，但双脚应注意不要外八或者内八。无论男女都应避免翘二郎腿，忌摆"4"字腿，不能抖腿，不能伸直双腿而碰触到他人等。

② 整个就餐过程中，无论椅子多舒服，上半身应保持挺拔、端正，不可以弯腰、驼背、塌肩，或者靠在椅子上，这样显得毫无精气神。食物入口时，也尽量保持上身的端坐状态，略微前倾身体，用叉子将食物送入口中。

③ 上身与桌面保持一拳到一拳半的距离为佳，避免将上半身紧紧贴着桌子的边缘，这看起来不够优雅，还容易被食物弄脏衣服。

④ 就餐过程中双手都应放在桌面上，不可以放到桌下隐藏起来，但是手肘部分不要放在桌面上。两臂轻贴身体，手肘与身体距离一拳左右为佳，否则会影响旁边的就餐者就餐，看起来就餐姿势也不够美观。

## 二、餐具的使用

西餐中的餐具种类繁多，如大小不一、样式各异的杯子，大小、功

学习笔记

能不同的刀和叉等。这会使第一次吃西餐的人无从下手。其实，西餐的就餐工具虽然繁多，但也是有规律可循的，下面我们就一起来学习餐桌上的各种就餐工具的使用方法。

### （一）餐巾的使用

餐巾被侍者装饰得非常美观，或配以装饰物摆放在盘子上，或折叠为口布花摆放在酒杯里。西餐中，餐巾是必不可少的一件物品。

#### 1. 餐巾铺放方法

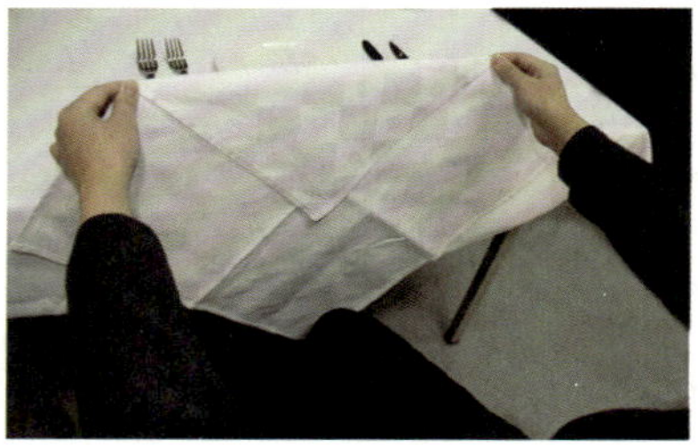

图 11-1

入座后，主人决定打开餐巾的时间，通常开胃酒上席后即可打开餐巾。主人将餐巾打开后，其他宾客才能打开自己的餐巾。铺放时将餐巾的正面朝上，将面对身体的一角向下折后铺在大腿上，切忌塞在衣领里或掖在裤腰上。（图 11-1）

#### 2. 餐巾的语言

餐巾摆放的位置可以向侍者传递不同的信息，如将餐巾简单整理后放在座椅上，表示中途暂时离开。如果就餐完毕离席，则可以将餐巾简单整理后放在餐桌上。

#### 3. 餐巾的用途

餐巾除了铺在腿上可以防止饭菜弄脏衣服，还可以用来擦嘴、擦手。如果要从嘴里吐出不洁之物时，可用餐巾进行遮挡。但是餐巾是不可用来擦脸、擦汗，这样会让餐巾变得不卫生。

### （二）就餐工具的使用

西餐是非常讲究的就餐形式，不同的食物会搭配不同的工具。不同的食物使用相对应的餐具，专餐专用，让进餐变成有趣的事情。想在西餐桌上表现得彬彬有礼、端庄有仪，掌握餐具的使用方法是最基础的内容。

#### 1. 刀叉的区别

刀叉是西餐中最有特色的餐具，如吃鱼时用鱼刀、吃肉时用正餐刀、吃黄油时用黄油刀等。因食材不同，刀叉的设计也不相同，在使用时要按照它们的用途使用。

#### 2. 刀叉的摆放

西餐中的刀叉，会因上菜的顺序由外向内依次摆放。从图片 11-2

中，我们可以看到这里摆放了两副刀叉。餐盘最外侧的一副刀叉为前菜叉，靠近内侧的刀叉为主材刀叉，刀锋朝向盘子的方向摆放。汤匙一般在右侧最外面放着。通过餐具的摆放顺序，我们可以判断今天的主菜。在盘子的正上方由内向外依次摆放着黄油刀、水果叉、甜品勺。在非常隆重的宴会上，一般会准备三副刀叉，但甜品叉、黄油刀等除外。随着用餐的进程，这些餐具会随着菜品进行撤换。通常水杯、葡萄酒杯会按顺序摆放。在西餐的摆台中，有时甜酒杯会被省略掉。图中左侧的白色盘子为面包盘，中间的为主餐盘。

图 11-2

### 3. 英式与美式的餐具使用方法

常见的西餐刀叉的使用方法可以分为英式和美式。

① 英式刀叉的使用方法：英式刀叉的要点是右手拿刀，左手拿叉。切食物时从左下角开始，左手拿叉按住食物，右手拿刀将食物切成小块，然后左手用叉子将食物送入口中。注意不要用刀直接刺穿肉将其送入口中。在吃的过程中要切一块吃一块。

② 美式刀叉的使用方法：美式刀叉的用法与英式相比，就是美国式的用法可以先用左手拿叉按住食物，然后右手用刀将食物切成便于入口的一小块一小块，再将刀叉交换手，用右手拿叉将食物送入口中。

无论英式还是美式的刀叉使用方法，只要是正确的使用，并且仪态举止大方得体，都会赢得他人的好感。

### 4. 刀叉的拿法

叉子的拿法是将食指伸直按住叉子的背部，其他四指握住叉柄。同样，将食指按住刀背，这样利于锯切食物。在锯切食物时应保持正确的姿态，将肘关节轻贴身体，身体与餐桌保持恰当的距离，上身保持挺拔，不能弯腰塌背，动作优雅轻缓。（图 11-3）

图 11-3

### 5. 刀叉的语言

刀叉的不同的摆放方法代表不同的含义。在进餐时如果中途休息，可将刀叉呈八字形分别搭放在盘子的左右两侧。（图 11-4）如果结束用餐，可将刀叉并排刀刃朝向内侧，叉背朝下放置在餐盘的中间。（图 11-5）

图 11-4　　　　　　　　　　　　　　　　图 11-5

需要注意的是，不能使用自己的餐具为他人布菜。叉子和勺子可以入口，但不能用嘴含住整个叉面和勺面。刀子是不能放入口中的，也不能用舌头去舔食刀子上的食物、汤汁等。这些都是失礼的不雅举止。

### 三、就餐的方法

西餐与中餐相比，上菜顺序非常独特。西餐的上菜顺序基本上是：开胃菜—汤—主菜（鱼或肉）—沙拉—甜点或水果—咖啡或茶。下面我们依次进行了解吧。

#### （一）开胃菜

开胃菜是西餐的第一道菜，有刺激食欲的作用，通常以咸酸味道为多。开胃菜通常是一些小食，如坚果、小块的肉类或者带馅的面点，分量非常少，具有一定的装饰性。开胃菜在主菜之前上。进食顺序是先冷后热，不宜吃得过多，以免影响主菜的进食。

#### （二）汤

西餐中的汤在开胃菜之后上。西餐喝汤的方法与中餐是不同的。喝汤的方法与中餐有着很大的区别，需要我们注意。

首先，在中餐喝汤时可将碗端起来喝，但是在西餐中是不可以端碗盘进餐的。其次，右手拿汤匙，左手扶汤盘边缘，汤匙要由内向外舀，每次不能盛得太满，以免汤汁洒落。最后，用汤匙将汤送入口中，不能将勺子都送入口中，只能将汤匙侧面或正面的 1/3 放入嘴中。如果汤已见底，可以把汤盘向餐桌中心倾斜，继续用汤匙舀着喝，也可以用面包收干净汤底。注意喝汤时不能发出咕噜咕噜的声音，还要尽量避免勺子与汤盘发出的碰撞声音。

学习笔记

### （三）鱼和牛排

#### 1. 鱼

吃鱼时要先把上面的一层吃完，然后将鱼骨剔掉后再吃下面的一层。在吃鱼的过程中尽量使其保持美观，不要让鱼看起来一片狼藉，否则影响他人食欲。

#### 2. 牛排

牛排是西餐中最经典的主菜。点牛排时可以根据自己的喜好来选择牛排的生熟程度。不同产地的牛排和牛身上不同部位的牛肉会因成熟度不同而在口感上不同。例如，西方人比较喜欢牛排略生的鲜嫩口感，而中国人偏好熟食，因此会更喜好7分熟的牛排。

吃牛排时应从牛排的一角开始切，遇到不吃的部分或配菜，只需要将它移到碟边。食用牛排时不宜将牛排提前都切成小块，以免牛肉变干或汤汁流失影响口感，且不美观，应切一块食用一块，保证牛肉的鲜美口感。牛排食用时还可以搭配酱汁，根据自己的喜好添加。在切牛排时尽量不要让刀叉和盘子发出碰撞时的尖锐的声音。在牛排的配菜上一般会有蔬菜或者青豆、玉米粒等。蔬菜可以使用刀叉切着食用，青豆、玉米粒可用叉子食用。

### （四）沙拉

沙拉如果单独成盘的话，我们就需要使用沙拉叉和蔬菜刀（午餐刀）了。我们可以用蔬菜刀切较大的蔬菜叶片，用叉子将它们送入口中，也可以用刀叉把菜叶进行折叠，然后放入口中。注意，进口的食物一定不要太大。如果沙拉是主菜的配菜，那么使用主菜叉就可以。

### （五）甜点或水果

#### 1. 蛋糕

甜点是西餐中的收尾菜，通常和咖啡或茶一起上，可以是奶油蛋糕、慕斯，也可以是冰激凌，西方国家的甜点甜度比起中国要甜许多，所以咖啡和茶的苦正好可以中和甜点的甜腻味道，达到最美好的味觉感受。甜点通常使用甜品叉或甜品匙来食用。

#### 2. 水果

水果会和甜点一起上，也可能是混合的水果沙拉，如果吃到了带核

学习笔记

的水果，一定不要用嘴将核直接吐到桌子上，可以用手将果核轻轻拿出放到果盘的边上。吃香蕉时先将皮剥掉，然后用刀切成小段食用。使用刀叉时注意不要将水果的汁溅出来。

### （六）咖啡或茶

喝咖啡需要注意的是咖啡勺的位置。首先，用咖啡勺搅拌咖啡时要让勺子在咖啡里悬空搅拌，避免发出与杯壁碰撞的声音。其次，在喝咖啡时，应将勺子放置在咖啡碟上，左手拿碟，右手端起咖啡杯慢慢品饮。咖啡和茶都不能用勺舀着喝，在西餐礼仪中，只有汤是舀着喝。

### （七）面包

根据点餐内容和餐厅的级别来确定是否提供面包。面包一般是由餐厅提供的不限量餐点，可以根据自己的情况选择是否食用。食用时用手直接拿取放在自己的餐盘上。面包不能直接入口咬着吃，应用手撕成便于入口的小块，一块一块食用。如要涂抹黄油，用黄油刀将黄油涂抹在撕下的小块面包上，一块一块地放入口中。黄油是不能直接入口使用的，也不能用面包直接蘸黄油，一定要使用黄油刀涂抹。

## 四、西餐的礼仪
### （一）餐桌上不放置个人物品

#### 1. 移动电话的使用

很多人习惯将手机放在桌面上，以方便随时接听、回复短信。西餐礼仪是不允许就餐时随时关注手机、随时回复短信的，否则给人不专心的感觉，是不尊重对方的一种表现。就餐时如有来电，应尽快讲完挂断，否则是对其他就餐者的不尊重。如遇特别重要的事情，可以离座接听，但是时长不能超过 5 分钟，否则是一件特别失礼的事情。

#### 2. 女士包的存放位置

从严格的角度讲，在高级的西餐厅里，包应放在右侧脚边的地上或将包放在背部与椅子之间的空隙。通常不允许放在桌上或挂在椅背上。

#### 3. 外套放入衣帽间存放

冬季就餐时，人们穿着的衣服较多，可以将衣物和不贵重的物品存放到衣帽间。

学习笔记

### （二）遵守就餐时间

#### 1. 准时抵达

无论去对方家里就餐还是去餐厅就餐，按照约定如期而至是对对方的尊重。如有客观原因需要取消约会或者迟到，应在第一时间通知对方，以得到对方的谅解。如果到对方家里做客，不能提前到，以免主人还未准备好造成忙乱或尴尬；若提前到达指定地点，可以在附近转转，时间到了再敲门。

#### 2. 携带礼物

在西方的礼仪中，到主人家做客或者接受宴请就餐时，应视情况携带合适的礼物前往。礼物不一定贵重，可以是一个盆栽或一瓶酒，但切忌空手而去。

### （三）安静就餐

在西餐桌上，安静就餐指两个方面。一个是就餐时避免餐具之间碰撞发出声音，就餐时嘴部需要保持安静，不能张口咀嚼或吧唧嘴；另一个是人们的交谈声也应以不影响他人为宜，不能大声喧哗。

 情景演练

中班的幼儿要学习使用筷子吃饭了，如果你是中班的老师，请你模拟一堂"我和筷子是朋友"教学课，教幼儿正确使用筷子。

 思考与练习

1. 自己使用筷子的方法是否正确呢？如果不正确就按照正确的方法纠正吧！

2. 课程结束后我相信你已经掌握了西餐餐具的使用方法，那么马上行动起来，到西餐厅尝试一下吧！

✎ 学习反思

# 模块十二　幼儿园教师的休闲礼仪

## 学习目标

1. 了解游乐场、公共洗手间等场所的文明礼仪规范。

2. 了解乘坐幼儿园园车的文明安全乘车规范，掌握接送园车的正确操作程序。

3. 掌握景区游览和室内外观赏活动的文明礼仪细节。

## 学习重点与难点

◆ 学习重点

掌握乘坐园车的礼仪规范及接送园车的操作程序。

◆ 学习难点

掌握休闲场所中的礼仪规范并遵守这些礼节规范，做到知行合一、言传身教。

## 我的问题

一日之计在于晨，在接送幼儿上下学时，园车上的教师如何展现出自己最美好的一面，在保障幼儿安全的前提下，使幼儿掌握乘车礼仪。

教师接送园车的操作程序是什么？在接车前、接车中、接车后分别注意哪些方面？幼儿在公共场合使用公共设施设备时，应注意哪些细节？在图书阅览室做一个文雅的小读者，幼儿应注意什么？

随着人们物质生活水平的提高，现在的人们很重视生活质量，因此，出门旅游、听音乐会、看演出的机会也越来越多。幼儿园的教师也经常带幼儿开展一些有意义的活动，如六一儿童节的大型会演、元宵节的赏灯会、清明节的烈士公园扫墓活动、国庆节的爱国行动、"小小记者"实地采访训练等。在这些休闲活动中，无论幼儿还是组织活动的教师，都要注意公共场合的礼仪。教师展现个人修养的同时，又代表了学校的整体形象和教育质量，更是幼儿的好榜样。

## 单元1　乘坐园车礼仪

什么是园车礼仪呢？园车礼仪是指幼儿园教师与幼儿在乘坐幼儿园园车时，所需要遵守的礼仪规范。幼儿园教师与幼儿开展很多社会活动时都需要园车，而幼儿乘坐园车去幼儿园也是目前很多家庭的选择，园车接送过程中，尤其在大城市，路况复杂、交通拥堵，幼儿园教师在园车上照顾好幼儿、保护幼儿的安全是首要任务，跟车教师是乘坐园车幼儿的安全员和服务员，对车上幼儿的安全负主要责任，因此每位园车上的教师都要具备强烈的责任感和警惕性。同时教师又是文明礼仪的践行者与倡导者，幼儿接受教育的前提是接受教师，幼儿会因为喜欢一个人而去接近他，甚至模仿他，教师的一言一行都是幼儿最好的榜样。所以，教师掌握文明乘车礼仪显得尤为重要。具体注意事项如下。

**我的任务**

掌握教师接送园车的操作程序；明确在接车前、接车中、接车后的注意事项。

### 一、幼儿园教师在接送园车前的操作规范

第一，服从幼儿园安排，听从指挥。

第二，有极强的时间观念，做到准时发车并到各站点接送幼儿，不提前或延迟。如遇特殊情况，及时与学校和幼儿家长联系，告知原因并妥善安排。

第三，准确掌握几个数据：

每趟车次的乘车学生数及幼儿所在的班级；全程站点数；各站点上下车幼儿数；组织幼儿有序上车，凭考勤日志认真清点学生姓名和人数，如姓名、人数与考勤日志上的名字不符时，及时通知班主任或学校有关领导，以便妥善处理。

**学习笔记**

第四，教师衣着应整齐干净。尤其是在夏天，女教师忌讳穿过于透、露、脏、破、短小、紧身的衣服，男教师不能光着膀子乘坐汽车。

第五，幼儿上车前注意检查幼儿的仪容，及时为幼儿增减衣服，如有汗湿或尿湿的情况应及时更换。

第六，积极配合驾驶员做好幼儿接送工作。提前告知家长接送时间，不能私自更改路线，接送幼儿时使用礼貌用语与幼儿以及家长问好。工作中严格按接送程序和要求执行，做到认真、细致，没有半点疏忽。

第七，协助校车主管领导做好校车路线安排调整、乘车幼儿调配和家访用车的服务工作。

### 二、幼儿园教师在接送园车中的操作规范

（一）校车接送工作是学校对外的窗口，因此教师对待幼儿和家长的态度要和蔼，服务要热情、周到，要关心和爱护每个幼儿。

（二）虚心听取不同家长的意见，能做到的尽量满足，给幼儿以方

便，不能做到的，耐心地向幼儿或家长做好解释工作，不与家长发生争执；返园后要将情况及时汇报给上级主管。

（三）早上接幼儿时，车到各站点后教师的操作规范如下。

第一，教师笑脸迎人。

第二，教师一定要下车组织幼儿按秩序上车，遵守排队候车、有序上车的原则。

第三，上车时要扶或抱幼儿，入座后提示幼儿系好安全带，对于小班和中班的幼儿，教师必须亲自为他们系好安全带，确保一人一座。

第四，及时查验考勤日志，如有幼儿未按时到点乘车，先电话联系家长，询问其原因并做好记录。

第五，个别幼儿有迟到现象，教师不能批评幼儿，必须微笑相迎，同时叫驾驶员关好车门。

（四）幼儿乘车时的规范如下。

第一，排队候车、上车的时候难免会出现一些小碰撞、小摩擦。引导幼儿相互体谅，碰到别人的一方真诚致歉，要向别人说"请原谅"或"对不起"，而另一方也不要过分计较。

第二，上车后安静坐好、讲文明、守纪律、讲卫生。

第三，同学之间互相爱护、互相关心，不要把头、手伸出窗外。

第四，严禁幼儿在车上骂人打架，同时防止幼儿在车上打闹。

第五，汽车在行驶的过程中，因路况与车况都较复杂，教师禁止幼儿在车上吃零食，以免食物进入气管，发生窒息的危险。

第六，提醒幼儿不在车厢内吐痰、乱丢废弃物，不向窗外扔垃圾，爱护车内环境，不乱写乱画，不踩踏座椅。

（五）与校车驾驶员之间既要互相协作，又要互相监督，如校车驾驶员工作不认真，服务不周到，或对幼儿态度生硬、不礼貌、不热情，教师要委婉提醒。

### 三、园车到达目的地后的操作规范

#### （一）到幼儿园后幼儿园教师的操作规范

第一，跟车教师组织幼儿有序下车，排队进入园区。

第二，每次接送完毕后，要仔细检查车上有无幼儿睡觉或遗失东西的现象。如有异常情况，要及时报告办公室。

学习笔记

第三，下车前，认真填写跟车表格，如有未乘车到园的幼儿要及时与班主任联系衔接。

第四，家长交代的事项需要详细记录并转告班级老师。

### （二）晚上送幼儿回家时幼儿园教师的操作规范

第一，每到一站后要指导驾驶员停车、开门和关门，车未停稳或遇特殊情况时（如倒车等）不得开门下车。

第二，下车时，认准人，认真清点人数，以免幼儿下错地点。

第三，亲手把幼儿交到家长手中。

第四，不得让他人代接幼儿，不可让幼儿独自回家。

第五，幼儿下车前，请家长在接送表格上签名。

### （三）园车返回幼儿园时及时通知幼儿园教师做好下一趟接送幼儿的准备工作

第一，与各班班主任交接，把接送过程中记录的特殊情况进行转告，让幼儿的班主任第一时间掌握他们的真实情况。

第二，清点下一批接送幼儿的人数，确认行车路线。

## 单元 2  公共场合的文明礼仪

怎么理解公共场合呢？它是指可供全体社会成员进行各种社会交往活动的公共活动空间，如街头、巷尾、商场、公共洗手间、游乐场所等。公共场合最显著的特点是它的公用性和共享性。它为全体社会成员服务，是全体社会成员进行社会活动的处所。在公共场合，和谐友好地与他人共处，彼此礼让、包容、理解、互助，是做人的根本。公共设施是指为公众提供公共服务的公共服务性设施。

幼儿园教师应切实重视公共场所礼仪，文明使用公共设施。

### 一、在游乐场的礼仪

随着社会物质文明和精神文明的发展，各地为公众提供的公共服务设施越来越多，很多小区和公园都会有专门供幼儿游乐嬉戏的游乐场。游乐场是幼儿训练体能最好的地方，在轮流玩滑梯、荡秋千、坐跷跷板和玩其他游戏的过程中，幼儿既锻炼了身体的灵活性，又学会了怎么交朋友和遵守规则。但在生活中，我们经常可以看到游乐场的公共设施被

**学习笔记**

**我 的 任 务**

掌握在游乐场、洗手间等公共场合的礼仪规范。

破坏的现象，如公用电话遍体鳞伤、垃圾箱东倒西歪、健身设施"缺胳膊少腿"等。要有效发挥公共设施的作用，延长公共设施的使用寿命，幼儿园教师有着不可推卸的责任。

在游乐场休闲应注意的方面有以下几方面。

第一，教师应指导幼儿自觉爱护娱乐设施，不在设施上乱涂、乱画、乱张贴。

第二，引导幼儿严格遵照不同娱乐设施的使用用途、操作方法和规定使用人数进行使用，不做违反使用用途和操作方法的事情。

第三，节假日期间人多拥挤，当使用娱乐设施的人数较多时，引导幼儿耐心等候，不强行占用设施。

第四，使用娱乐设施的时间不要太长，如果有人礼让设备的时候，要表示感谢。

第五，游乐场人多且人员复杂，教师在遵守社会公共秩序的同时更要高度警惕、注意安全，引导幼儿不能跟随陌生人离开等。

## 二、使用公共洗手间礼仪

由于公共场所的洗手间是公用的，所以我们在使用时必须遵守相关礼仪，以免影响他人使用。公共洗手间的使用礼仪最能体现一个人的文明程度。

### （一）教师使用公共洗手间的基本礼节

第一，按顺序排队等候。在洗手间都有人占用的情况下，后来者必须排队等待，一般是在入口的地方，按先来后到依序排成一排，如果在孩子等不及的情况下，可以和排在最前面的人商量，请他提供帮助，而不能直接插队。

第二，轮到自己使用时，记得关上门。

第三，用过的手纸投放到纸篓，不扔在便池或抽水马桶内，以免造成马桶堵塞。

第四，使用坐便器时，不忘记便前和便后用纸擦净厕位，这样既避免了细菌的传播，又方便了下一个如厕者。

第五，如厕完毕后及时冲水，既要节约用水，又要冲干净，如果是马桶，请将马桶盖放下后再冲水。

第六，不长时间占用厕所，不在厕所里看书、看报、听音乐或吸烟等。

第七，便后洗手，节约使用盥洗用品，同时注意手上有水时不要甩手，避免把 水滴甩在他人身上，同时这也是尊重个别地区风俗的表现。

第八，在欧美国家女性可以带着小男孩一起上女厕所，但男性不能带小女孩上男厕所。

当幼儿不能独立使用抽水马桶时，陪伴左右的教师应协助进行，同时注意以上事项。

### （二）幼儿使用公共洗手间的基本礼仪

1. 正确洗手的步骤如下。

第一，请先协助幼儿卷起袖子。

第二，打开水龙头把手冲湿。

第三，关上水龙头抹肥皂，在抹肥皂的时候，切忌浪费水。

第四，搓搓手心、手背、手指缝和手腕。

第五，打开水龙头，将手上的肥皂沫冲洗干净，并将水龙头上的肥皂沫也冲干净。

第六，关上水龙头，从墙上纸巾盒中取出一张纸巾将手擦干，提示幼儿擦干手上的水，切忌随意甩手，以免甩到旁边人身上。切忌一次取很多张纸巾，用过 的纸巾请随手扔进垃圾桶。

2. 注意不要长时间占用洗手间镜子，否则会妨碍其他人使用。

## 单元 3　室内观赏活动文明礼仪

随着人们物质生活水平的不断提高，人们的精神文化生活也越来越丰富，为公众提供的活动场所也越来越多。一些特殊的公共场所，如图书馆、博物馆等都有不同的礼仪规范，我们掌握这些礼仪规范，可以更好地享受这些活动带来的精神大餐。

读书是为了增长知识、净化心灵、提高自身素质和修养。现在的幼儿多为独生子女，家长对他们的期望值很高，因此为幼儿购买了很多教育资料。但是，幼儿往往只看一遍就丢掉了，资源得不到有效利用，非常可惜。于是，去图书馆阅读和借书成了家长的不二选择，既节约了购书费，又有大量的图书资源共享。当然，幼儿进入图书馆阅读图书，必须讲究文明礼仪，遵守公共秩序，用行动践行文明礼貌。

学习笔记

## 一、做一个安静的读者

第一，一个"静"字，常作为警示，贴在图书馆的高墙正中，也说出了图书馆应遵守的礼仪。幼儿应当维护图书馆内安静的氛围，做事要轻手轻脚，说话要轻声细语。低头、捂嘴、转身再进行，事后要道歉。

第二，移动座椅时尽量不发出声音，不影响其他人，不摇动桌椅，不在桌上乱刻乱画。

## 二、做一个干净的读者

第一，斯文着装。注重个人仪表整洁，着装整齐大方。

第二，讲究个人卫生。身体、头发、口腔、脚不应有异味。

第三，不随地吐痰，不吃零食或嚼口香糖，不乱扔废纸、垃圾、笔屑。

第四，在阅读书籍时，不可将书籍撕坏、撕掉、折角，或用笔在书上涂抹画线，翻页时不用手指沾唾液。

## 三、做一个文雅的读者

第一，注意仪态得体，不长时间站在阅读室书架前阅读，以免影响他人查询。

第二，对人恭敬礼让，在借书时假如与他人同时看中同一本图书，可向图书馆 工作人员咨询有无复本或别的版本，假如确实没有，二人应互相辞让，急需者先借，另一人在工作人员处做预订登记。

第三，借书、还书、登记、阅读都要遵守先来后到的秩序。

第四，图书馆作为公共场所，有空位人皆可坐，但欲坐在他人旁边的空位时，应有礼貌地询问旁边是否有人，结伴阅读的早来者不应该给晚来的人占座位。

第五，看完了的图书、报纸、杂志，应尽量放回原处，不乱放，外借的图书读完后应及时归还，"抢手书"更应速看速还。

第六，离馆时，本人的物品随身带走，废弃的纸张应扔到馆内的垃圾篓或带到 馆外扔到垃圾箱内，把桌椅复归原位。

第七，爱惜图书馆的公共财物和设备。

## 带幼儿参观博物馆的礼仪

博物馆是公共场所，同时更是知识与艺术的殿堂，因此参观博物馆的教师和幼儿不仅要具备基本的公共文明素质，而且要懂得某些方面更为严格的要求。因为博物馆不仅要为观众提供好的展览，用最合适的解读和角度来展示文物，同时也要保护好这些承载着太多人类文明与记忆的珍贵文物。教师和幼儿首先要了解、尊重并且遵守博物馆的规则，这也是我们从自己做起，营造良好的参观环境和秩序的一个重要举动。

### 一、着装得体

请带着一份尊重走进博物馆，这份尊重体现在你以什么样的形象站在这些文物面前。穿短、透、露的服装去博物馆显然不合适；去博物馆参观游览也不太适合穿着高跟鞋，一来参观展览很辛苦，二来穿高跟鞋很容易在展厅造成很大的响声。

### 二、不在展厅内吃东西，不饮用有色或含糖饮料

许多大型博物馆因展览面积大，需要的参观时间长，因此可以携带一些必备的食物和水，但是为了保证展馆环境的整洁，许多大型博物馆因展览面积大，参观的时间长，因此可以携带一些必备的食物和水，但是为了保证展馆的环境，不应在参观的过程中进食，应当在博物馆指定的位置用餐。

### 三、不触摸裸展的文物

为了让观众更好、更近距离地参观，很多文物采用裸展的形式。没有玻璃的阻隔，观众能清晰而真实地感受到文物的气息。所以请教师提醒幼儿，不因为好奇或者其他原因而用手触摸这些文物。

### 四、注意拍照的标识和要求

壁画、织物、纸张等很多文物对光的感应是非常敏感的，由于时间的原因，这些文物尤为脆弱，因此很多博物馆对在展厅拍照有特殊的要求。如果不允许拍照，请大家理解；如果允许拍照，也请家长和幼儿在进入展厅前将闪光灯调整到关闭状态。

### 五、不轻易打断别人的讲解和对话

不要轻易打断讲解员或志愿者的讲解和分享，这不仅是对家长和教师的要求，而且也是对幼儿的要求。我们的一个问题可能会打断他们完整的思路，对后面的讲解造成影响。轻易打断讲解员的讲解，不仅会影响讲解员，也是对队伍中其他参观者的不尊重。建议在展厅间、展柜间移动转换时借机提问，或者是在讲解结束之后单独提问，这样自己听得明白，讲解员补充得也清楚。

### 六、和幼儿交流时，小声说话

陪伴、带领幼儿参观时，教师可以为幼儿讲解文物的知识，但请让这个声音仅仅局限在教师

与幼儿之间。

### 七、不站在别人和展柜的中间

参观时，请留意是不是有人站在你的身后，正在远远欣赏着这件文物，或者你身后是不是有人正在临摹眼前的这个文物，我们需要尊重别人欣赏文物的权利。

### 八、使用公共空间时注意礼仪

① 一些科技类、自然类的博物馆为了更好地和观众互动，有很多动手体验的项目，很多小朋友都会很用力地使用这些设施设备，致使其中很多都不能正常使用，留给后面参观者的就只有遗憾了，而留给工作人员的又是一轮维修。

② 除了展厅之外，博物馆中还有很大面积的公共空间，有休息区域、有绿植花卉区域、有儿童互动区域、有商品销售区域等。在这些公共场合，我们同样需要有很好的礼仪表现，这些是基本的要求，如长椅上不要躺卧，给其他走累的参观者一个休息的座位；吃完的食品袋、用完的餐巾纸等都扔进垃圾桶等。

幼儿都有好动的天性，面对一些行为，教师需要及时制止，需要用正向的思路去引导他们。

资料来源　带孩子参观博物馆需要注意的8个事项. https://qiutian.zqnf.com/620980.html. 引用日期：2018-5-26.

### 情 景 演 练

涵涵和琪琪去图书馆看书，图书馆里好多图书是涵涵喜欢看的，涵涵看完一本又一本，图书馆要关门了，涵涵想把没看完的两本书借回家看，但是琪琪也想借这两本书，请演示涵涵和琪琪在图书馆的表现吧！

## 思考与练习

1. 周末睿睿和爸爸妈妈去欣赏国内一位很有影响力的钢琴演奏家的钢琴独奏会，在欣赏演奏会的过程中，睿睿听得非常认真，可是不知道鼓掌礼的细节，你会吗？

2. 周末幼儿园组织幼儿乘车去动物园，我们应该怎样等车呢？坐上车后有个幼儿将头伸出了窗外，你会怎么做呢？

### 学 习 反 思

# 参考文献

[1] 吕艳芝 . 教师礼仪的 99 个细节 [M]. 上海：华东师范大学出版社，2010.

[2] 吕艳芝 . 公务礼仪标准培训 [M]. 北京：中国纺织出版社，2016.

[3] 文泉 . 国际商务礼仪 [M]. 北京：中国商务出版社，2003.

[4] [ 日 ] 服部幸应 . 西餐礼仪 [M]. 昆明：云南人民出版社，2004.

[5] 未来之舟 . 服务礼仪 [M]. 北京：中国经济出版社，2006.

[6] 肖胜阳 . 中职生职业素养能力训练 [M]. 北京：高等教育出版社，2014.

[7] 于西蔓 . 女性个人色彩诊断 [M]. 广州：花城出版社，2004.

[8] 林莹，毛永年 . 现代中餐礼仪 [M]. 上海：上海科学普及出版社，2008.

[9] 徐克茹 . 商务礼仪标准培训 [M]. 北京：中国纺织出版社，2010.